Social and Emotional Learning of
8 Abilities for Career Development

高校生のための 社会性と情動の学習 （SEL-8C）

キャリア発達のための学習プログラム

小泉令三／伊藤衣里子／山田洋平 ［著］

ミネルヴァ書房

まえがき

社会性と情動の学習との出合いと SEL-8 シリーズの開発

　人が周囲の人たちとどのように関わるのかという人間関係のもち方は，どの年齢になっても重要である。まず家庭生活でその基礎が育まれるが，学校生活そしてそれに続く社会生活でその能力は成長していく。では発達段階に合わせて，どのようにその人間関係能力を身につけたらよいのか。学校教育に関しては，「人間関係能力は，従来は"自然に"身についていたのに，現在はそれを意図的・計画的に育てる必要がある。」これが，本書が拠って立つ基本的スタンスである。

　本書で枠組みとして紹介する社会性と情動の学習（social and emotional learning：以下 SEL。呼び方はエス・イー・エル，またはセル）は，私がフルブライト研究員としてアメリカのイリノイ大学シカゴ校に1997年から1年間滞在した折に出合ったものである。日本に戻ってから，アメリカで出版されていた関係書（イライアスら（著）(1999)『社会性と感情の学習——教育者のためのガイドライン39』北大路書房）を仲間の研究者たちとともに翻訳・出版した。しかし，それは SEL を学校に導入・展開するための手引書であり，具体的な学習指導に使える指導案や教材ではなかった。

　その後，学校や教員の研修会で SEL を紹介する機会が増えたが，そのたびに「具体的にはどう教えればよいのか？」「指導案はないのか？」という声を聞いた。後ほど説明するが，SEL は多くの学習プログラムの枠組みあるいは総称であるため，特定の学習プログラムを提示するのは SEL の趣旨にそぐわない面があった。そこで，社会的スキル学習を始めすでにいくつかの手法にもとづく指導案集が出版されていたので，それらを参考に適宜各学校で学習プログラムの作成を工夫するようお願いしてきた。

　しかし，SEL の中の一つの特定プログラムとして，日本の学校に適していると考えて SEL-8S（セルはちエス：エスは school を表す）プログラムの提唱を始めた頃から，これに則った指導案があればこちらの趣旨を理解してもらいやすいし，また子どもの指導に際しても有効であろうと考えるようになった。ちょうどそうした折りに，独立行政法人科学技術振興機構（JST）社会技術研究開発センター（RISTEX）の「犯罪からの子どもの安全」研究開発領域のプロジェクトの一つとして採択され，指導案集の作成が一気に進むこととなった。こうして発刊されたのが，SEL-8S プログラムの3巻である（本書の最終ページ参照）。第1巻は理論・概論書，第2巻は小学校の指導案と教材編，そして第3巻が中学校の指導案と教材編である。SEL-8S は8つの社会的能力の育成をめざすもので，SEL-8シリーズの発端となった。

i

こうして小中学校での SEL-8S プログラムの利用が始まると，特に小学校の教員から，小学校入学前からこの種の学習があるとよいのではないかという声が出てきた。そのために，幼児版の SEL-8N（セルはちエヌ：エヌは nursery を表す）プログラムを紙芝居作成のための書籍として作成し，また実際に幼稚園での効果の検証も進んだ（『紙芝居作成ブック　こどものきもちを育む♪　CD-ROM 付き　PriPri ブックス』 世界文化社）。

高校・高専・専門学校版の発刊に向けて

　そうこうするうちに，教員免許状更新講習を受講する高校教員等から，高校生版を望む声が出始めた。アメリカなどでは，SEL プログラムは幼稚園児から高校生までを対象とすることが多いので，日本でも当然の要望である。ただし，日本の高校は学校によって生徒の実態とニーズが異なるので，どこに焦点をあてた学習プログラムとするのかが課題で，すぐには開始できない状況であった。しかし，高校卒業後はいくつかの選択肢を経ていずれ社会に出ていくわけであり，生涯にわたる生き方の教育としてのキャリア教育はどの高校でも重要である。このニーズは，同年代が在籍する高等専門学校や専門学校等にも共通している。キャリア教育の基盤となる基礎的・汎用的能力（p.3 参照）はまさに SEL プログラムによって育成することができるわけであり，その学習のために SEL-8Career（セルはちキャリア）プログラム開発に着手することとなった。これも，SEL-8シリーズの8つの社会的能力の枠組みにもとづいている。

　そうした取組の中で，本書執筆者の一人である伊藤衣里子が，2019年4月から福岡教育大学教職大学院で福岡県長期派遣研修員としての研修が始まったことから，本書の作成作業が本格化した。その作業と並行して試行も行いつつ，その実践成果をふまえて適宜修正を加え本書の完成に至った次第である。

　なお，以上のような幼稚園〜高校での SEL プログラムを実践するのは，幼稚園・学校の教員である。その教員にも SEL プログラムが必要であるとの要望が上がり，教員および教員養成課程での学びのために，SEL-8T（セルはちティー：ティーは teachers を表す）プログラムも書籍化されている（本書の最終ページ参照）。

　最後になったが，本書のプログラム開発にあたっては JSPS 科研費 JP18K03042「キャリア発達のための社会性と情動の学習（SEL-8Career）プログラム開発」の助成によるところが大きい。そして，本書の出版に関してはミネルヴァ書房編集部の西吉誠氏，日和由希氏，及び浅井久仁人氏に大変お世話になった。当プログラムの価値を認めていただくことなしには，出版は実現しなかった。ここに記して感謝したい。

　　2020年9月10日

　　　　　　　　　　　　　　　　　　　　　　著者を代表して　小泉令三

本書の利用方法

　本書で説明する学習プログラムの対象は，高等学校，高等専門学校，専門学校に在籍する生徒である。今後の説明の中では高等学校が中心になっているが，他の学校については適宜，自校に読み替えて理解していただきたい。

　本書は，「基礎編」と「実践編」に分かれている。「基礎編」では，SEL-8Career（セルはちキャリア）プログラムの概要についての説明を行う。「実践編」では，各授業（本書では，以下ユニットと呼ぶ）について，「ユニットの概要」「1時間の流れ」「ユニットで使用する教材」の3構成で，具体的な進め方を説明している。以下に，「実践編」の各構成の概要を示す。

ユニットの概要

　各ユニットの1ページ目では，ユニットの全体像がつかめるように，以下のように項目を立てて説明をしている。

〈ねらいとする能力〉

　SEL-8Career プログラムで育成を目指している8つの社会的能力の中で，本ユニットでねらいとするおもな能力を表す。

〈意　義〉

　キャリア発達の観点から，高校生段階においてそのユニットの学習をする意義や，「ねらいとする能力」との関係を説明している。

〈目　的〉

　そのユニットでの学習のねらいを表す。基礎編の表4（p.8〜11）に示した学習内容の中の「学習のねらい」と同一である。

〈準　備〉

　ユニットの指導で必要な学習プリントや教材などを示した。

〈授業概略〉

　教師がユニットの学習の流れを理解しやすいように，概要を示した。そのユニットでの学習内容の要点となるポイントを示してあることもある。

〈期待される生徒の変化と反応〉

　学習による効果として，生徒に現れる気づきや具体的な行動の変化を表している。

〈ユニット指導にあたって〉

　そのユニットの指導にあたっての留意点や，学習展開についての工夫点を示した。高校の他教科等での学習内容との関連がある場合は，それらもまとめてある。

1時間の流れ

　2ページ目では，以下の流れで，教師の指示と生徒の反応・行動を示している。ここで実際の学習の流れを把握してほしい。

〈導　入〉

　ユニットの学習の意義を確認したり，あるいは動機づけを高めたりする。

〈説　明〉

　学習のねらいの説明や，学習の流れの概略をわかりやすく説明する。

〈活　動〉

　ユニットの学習の中心部分で，「重要な気づきやスキル」のポイントの説明やそのモデリング，役割演技（ロールプレイ）での練習，気づきを促すゲームなどで構成されている。気づき，理解，練習，習得をねらいとしている。本書の特徴の1つとして，学校の実態に合わせて短時間の学習に分けることができるように3分割してある。適切な学習方法を工夫してほしい（詳細は，2の　**3**　（p.12）を参照）。

〈振り返り〉

　ユニットの学習全体を振り返り，実生活での実践を促すことがねらいである。

〈まとめ〉

　学習のまとめとして，学習内容の理解や練習の振り返り，そして今後の実践意欲についての自己評定を促す。

〈留意点〉（右端の列）

　準備した学習プリントや教材を使用するタイミング，あるいは指導に際しての留意点を示してある。

ユニットで使用する教材

　「1時間の流れ」に続く教材部分には，学習で提示する資料や学習プリント，そして学習内容の定着を図るための掲示用ポスターのサンプルが含まれている。

　「実践編」の各構成の概要は以上の通りであるが，当然のことながら実践の具体的な流れは学校や学級の実態などに合わせて適宜変更し，教材等も修正したり追加して用意してほしい。また，ポスターが用意されているユニットでは，作成して教室等に掲示することで定着を図ることができる。なお，これらの教材を「SEL-8研究会」のホーム・ページ（http://www.sel8group.jp/index.html）で公開しているので，関連する情報と合わせて参照してほしい。

　以上，「実践編」を中心に説明を行ったが，利用に際してはまず「基礎編」でプログラムの概略と実施法を理解した後，「実践編」の利用に進んでほしい。

目　次

基礎編

1 SEL-8Career プログラムとは

1 進路指導からキャリア教育へ

　わが国では，就労を中心とした社会的自立に関して1950年代までは「職業指導」という言葉が使われ，その後長く進学のための指導も含めて「進路指導」と呼ばれていた。「キャリア教育」という言葉が公的に登場するのは，中央教育審議会答申（2011）においてである。そこでは，キャリア教育は「一人一人の社会的・職業的自立に向け，必要な基盤となる能力や態度を育てることを通して，キャリア発達を促す教育」と説明されている。このキャリア教育で育成を図ろうとしているのは，表1に示した基礎的・汎用的能力である。

表1　基礎的・汎用的能力の説明

能　　力	説　　明
①人間関係形成・社会形成能力	多様な他者の考えや立場を理解し，相手の意見を聴いて自分の考えを正確に伝えることができるとともに，自分の置かれている状況を受け止め，役割を果たしつつ他者と協力・協働して社会に参画し，今後の社会を積極的に形成することができる力
②自己理解・自己管理能力	自分が「できること」「意義を感じること」「したいこと」について，社会との相互関係を保ちつつ，今後の自分自身の可能性を含めた肯定的な理解に基づき主体的に行動すると同時に，自らの思考や感情を律し，かつ，今後の成長のために進んで学ぼうとする力
③課題対応能力	仕事をする上での様々な課題を発見・分析し，適切な計画を立ててその課題を処理し，解決することができる力
④キャリアプランニング能力	「働くこと」の意義を理解し，自らが果たすべき様々な立場や役割との関連を踏まえて「働くこと」を位置付け，多様な生き方に関する様々な情報を適切に取捨選択・活用しながら，自ら主体的に判断してキャリアを形成していく力

（出所）文部科学省・国立教育政策研究所生徒指導研究センター（2011）。

2 社会性と情動の学習と SEL-8Career プログラム

　社会性と情動の学習とは，「自己の捉え方と他者との関わり方を基礎とした，社会性（対人関係）に関するスキル，態度，価値観を身につける学習」であり，英語の原語は social and emotional learning（SEL：エス・イー・エルまたはセル）である。これは大まかにいうと，自己及び自己と他者との関係に関わる学習である。実は SEL とは特定の心理教育プログラム（心理学の考え方や研究成果などを基盤とした学習プログラム）を意味するのではなく，上のような説明に合致する多数の心理教育プログラムの

総称（あるいはプラットフォーム）である。

　総称としての SEL の中で，SEL-8Career（Social and Emotional Learning of 8 Abilities for Career Development：セルはちキャリア）プログラムは，表 2 の左の部分に示したような 8 つの社会的能力の育成を目指した特定の学習プログラムを意味する。SEL-8Career を日本語に訳すと，「キャリア発達のための 8 つの社会的能力育成をめざした社会性と情動の学習」となる。表 2 の中の基礎的社会的能力とは，おもに対人関係において基礎となる社会的能力であり，汎用的で日常のさまざまな生活場面で必要な能力である。応用的社会的能力とは，5 つの基礎的社会的能力をもとにしたもので，より複合的で応用的な能力である。表 2 の中には上で説明したキャリア教育で育成を図る基礎的・汎用的能力との関係を示してあり，また具体的な内容や項目も整理してある。

　ここで，なぜ 8 つの社会的能力なのかというと，まず 5 つの基礎的社会的能力は SEL の普及をめざすアメリカの CASEL（Collaborative for Academic, Social, and Emotional Learning：キャセル）という NPO が多くの SEL プログラムに共通する汎用的能力としてあげているものである。そして 3 つの応用的社会的能力は，イライアスら（1999）がアメリカの多数の有効な SEL プログラムの中で実施されている主要な学習内容を整理したものに基づいている。5 つの基礎的社会的能力と 3 つの応用的社会的能力を考慮することにより，SEL-8Career は高校生や同年代若者の幅広い社会的能力の育成を目指すものとなっている。なお，8 つの社会的能力に関する詳しい説明は，『社会性と情動の学習（SEL-8S）の導入と実践 子どもの人間関係能力を育てる SEL-8S 1』（2011，ミネルヴァ書房）を見てほしい。

　表 2 の右側半分では，キャリア教育における 4 つの基礎的・汎用的能力と SEL-8Career プログラムで育成を図る 8 つの社会的能力との関係を示してある。両者の関係の強弱を便宜的に○△で表してある。それらの記号の下に書き込んである事項や内容は，「キャリア発達にかかわる諸能力の育成に関する調査研究報告書」（文部科学省・国立教育政策研究所生徒指導研究センター，2011）に記載されているもので，それらが基礎的・汎用的能力と SEL-8Career で育成を図る社会的能力のどれに該当するかを示してある。なお，積極的，貢献的な奉仕活動に該当項目がないのは，これが日常生活全般における身近な人への関心にもとづく支援的な関りに関するものであり，キャリア教育に限定されないためである。この能力には，他者への気づきに始まり，言語による問いかけやさらに行動開始のスキルが含まれていて，日常生活でのさまざまな関りを円滑かつ向社会的なものにしてくれる。この意味で，キャリア教育に限定されない重要な社会的能力と言えよう。

表2　SEL-8Career の社会的能力および基礎的・汎用的能力との関係

SEL-8Career の社会的能力		基礎的・汎用的能力と SEL-8Career との関係			
		①人間関係形成・社会形成能力	②自己理解・自己管理能力	③課題対応能力	④キャリアプランニング能力
基礎的社会的能力	自己への気づき 自分の感情に気づき、また自己の能力について現実的で根拠のある評価をする力		○ 自己の役割の理解		
	他者への気づき 他者の感情を理解し、他者の立場に立つことができるとともに、多様な人がいることを認め、良好な関係をもつことができる力	○ 他者の個性を理解する力			
	自己のコントロール 物事を適切に処理できるように情動をコントロールし、挫折や失敗を乗り越え、また妥協による一時的な満足にとどまることなく、目標を達成できるように一生懸命取り組む力		○ 前向きに考える力、自己の動機付け、忍耐力、自らの思考や感情を律すること		
	対人関係 周囲の人との関係において情動を効果的に処理し、協力的で、必要ならば援助を得られるような健全で価値のある関係を築き、維持する力。ただし、悪い誘いは断り、意見が衝突しても解決策を探ることができるようにする力	○ 他者に働きかける力、コミュニケーションスキル、チームワーク、リーダーシップ		△ 原因の追究、課題発見、計画立案、実行力	
	責任ある意思決定 関連する全ての要因と、いろいろな選択肢を選んだ場合に予想される結果を十分に考慮し、意思決定を行う。その際に、他者を尊重し、自己の決定については責任をもつ力		○ 主体的行動		
応用的社会的能力	生活上の問題防止のスキル 適切なアルコール・タバコ飲用、薬物乱用防止、病気とけがの予防、健全な家庭生活、運動の習慣化、暴力やけんかの回避、精神衛生の促進などに必要な力		△ ストレスマネジメント		
	人生の重要事態に対処する能力 就職・転職・異動などの環境移行への対処、家族内の大きな問題（結婚や死別など）への対応、緊張緩和や葛藤解消、支援要請（サポート源を探し、アクセスする）などに関する力		△ ストレスマネジメント		○ 将来設計、選択、行動と改善
	積極的、貢献的な奉仕活動 ボランティア精神の保持と向上、身近な人助けと自発的関与に関する力				

（注）○は比較的強く該当、△は弱く該当していることを表す。また、○△の記号の下の文言は、文部科学省・国立教育政策研究所生徒指導研究センター（2011）よりの抽出である。
（出所）小泉（2018）。

3　SEL-8Career プログラムの学習内容

　高等学校等で SEL-8Career プログラムの８つの社会的能力を育てるために，表３の上段に示したＡ〜Ｈの８つの学習領域を設定した。その構成は，次のようになっている。

　①（Ａ）基本的生活習慣〜（Ｈ）ボランティアの学習領域では，それぞれ単独の社会的能力の育成を行うのではなく，複数の社会的能力の育成に関わっている。

　②１単位時間（50分）を学習の基本的な単位とし，これをユニットと呼ぶ。ただし，生徒の実態に合わせてそれらを２つあるいは３つに分割したり，あるいは重要な部分のみに絞り込んで実施することもできるようになっている（２の **3** (p. 12)）。

　③ユニットごとの達成目標となる重要な気づきやスキルを明らかにしておく（表４）。

　表３は，各学習領域での学習としてどのような主テーマが扱われ，それがおもにどのような社会的能力の育成に関係するのかを示したものである。また，表４は学習領域順に，全25ユニットについて各ユニットの学習のねらいと授業概要を一覧表にまとめたものである。

2　高等学校・高専・専門学校等での実践方法

1　学校等の実態にもとづく指導計画

　上の１の **3** でも述べたように，１ユニットの学習は15分程度の短いものから１単位時間（50分程度）のものまで，幅のある指導方法を想定してある。どの指導方法がよいかは学習者の実態によるので，まずは現状はどうなのかを丁寧にアセスメント（診断，評価など）する必要がある。

　このアセスメントの基本は，生徒の強みは何か，そして弱みは何なのかを確認することである。こういった点はよくできている，と考えられる点が強みである。基本的生活習慣が身についていて，きちんと学習が進んでいるのであればそれが強みである。しかし，個人としては問題は感じられないが，集団としてみたときに例えば小さな対人関係のトラブルが一定の割合で発生したりするのであればそれが弱みである。こうした強みや弱みは数値化するのが難しいが，一番よくアセスメントできるのは，生徒に接している教師や指導者である。複数の視点から生徒たちを見て，指導者間で情報を共有するとともに，統一した見解にまとめるとよいであろう。そうしたまとめ方の

表3 SEL-8Career の 8 つの学習領域におけるテーマ例

社会的能力	学習領域	A 基本的生活習慣	B 自己・他者への気づき、聞く	C 伝える	D 関係づくり	E ストレスマネジメント	F 問題防止	G 環境変化への対処	H ボランティア
基本的社会的能力	自己への気づき		・自己理解（感情、人間関係能力、諸特性）						
	他者への気づき		・他者理解（感情、立場）・傾聴						
	自己のコントロール	・時間管理・金銭管理・整理整頓							
	対人関係	・あいさつ		・感情伝達・意思伝達（依頼、断り、質問、電話、電子メール・SNSなど）	・関係開始・関係維持・問題解決・意見・説明				
	責任ある意思決定						・規範行動		
応用的社会的能力	生活上の問題防止のスキル					・ストレス認知・ストレス対処	・精神衛生・健康管理	・援助要請	
	人生の重要事態に対処する能力							・求職・就職・異動	
	積極的、貢献的な奉仕活動								・家庭・職場・地域でのボランティア

（注）この表は、各主テーマでおもに育成を図る社会的能力との関係を示したもので、他の社会的能力の育成も行われる。
なお、本表で示した主テーマは、本書ですべて扱っているわけではない。
（出所）小泉（2018）を一部修正。

表4　SEL-8Career のユニットのねらいと授業概略

学習領域	ユニット	学習のねらい	授業概略
A 基本的生活習慣	(A1) 時間管理 [時間を大切に]	自分の生活を振り返り、時間を管理することの重要性に気づく。そして、自分で1週間程度のスケジュールを立てと修正をしながら実行できるようになる。	・計画を立てるときの「スケジューリングのポイント」を考える。 ・ポイントに気をつけて、自分の計画を立てる。 ・自分で立てた計画を見直し、ポイント「見直しと修正」の必要性に気づき、自分の計画を修正する。
	(A2) 金銭管理 [お金を大切に]	クレジットカードの機能と利用するときの注意点を学び、計画的なクレジットカードの利用について考えることができるようになる。	・クレジットカードの利用のポイントを学ぶ。 ・事例から、ポイントにもとづいた適切なクレジットカードの利用について考える。 ・リボルビング払いのシミュレーションを行う。
	(A3) あいさつ [初対面の人へのあいさつ]	あいさつの大切さに気づき、初対面の人に対して印象のよいあいさつや自己紹介ができるようになる。	・あいさつの大切さに気づき、印象のよいあいさつについて自己紹介のポイントを理解する。 ・初対面の人に対する適切なあいさつについて、教師のモデリングを見て学ぶ。 ・ロールプレイを行い、初対面の人に対する適切なあいさつを身につける。
B 自己・他者への気づき、聞く	(B1) 傾聴 [上手に聴こう]	人の話に注意深く耳を傾ける大切さに気づき、聴くスキルの練習を通して、正しい聴き方のポイントをおさえた聴き方ができるようになる。	・「聞く」と「聴く」の違いを知り、「正しい聴き方のポイント」を確認する。 ・拒否的な聴き方と受容的な聞き方のモデリングを見て、「正しい聴き方のポイント」を理解する。 ・実際にロールプレイをして「正しい聴き方のポイント」を練習する。
	(B2) 自己理解 [自分の長所・短所]	自分の長所や短所に気づく。そして、自分の長所に目を向けることで、自己肯定感を高める。さらに、自分の短所の克服に建設的に取り組む方法を知り、実行への意欲を持つ。	・エゴグラムを実施し、自分への気づきを深める。 ・自分の長所と短所を考え、グループで話し合う。 ・自分の短所を克服する方法を話し合い、今後の目標を立てる。
	(B3) 自己理解 [自分の考え方の特徴を知ろう]	「不安、怖い、イライラする」といったネガティブな感情が長期間続くと、体調に悪影響を及ぼすことを知る。また、出来事に対する自分の捉え方のクセに気づくことで、適応的な捉え方に修正するスキルを身につける。	・ネガティブになりすぎることによる悪影響を知る。 ・出来事に対する自分の「捉え方のクセ」を知る。 ・出来事に対する自分の捉え方を修正する方法を学習する。
	(B4) 他者理解 [別の面に気づこう]	人にはさまざまな面があることに気づき、いろいろな立場・視点から見ようとする態度を身につける。また、自分のこれまでの他者理解の課題を改善する意欲を持つ。	・物事をいろいろな視点で見ることを学ぶ。 ・身近な人の特徴を考えることで、人には複数の面があることに気づく。 ・意識的に複数の面を理解しようとすることの大切さに気づき、自分のこれまでの他者理解の課題を改善する意欲を持つ。

	項目		実践方法
C 伝える	(C1) 気持ちの伝達「気持ちの伝え方」	怒りを冷静に伝えるための「こころの信号機」モデルを理解する。また「I(私)メッセージ」で自分の気持ちや思いを伝えることができるようになる。	・ある場面を設定し、その場面での自分の感情や行動を考える。 ・問題状況でも落ち着いて行動できるように、「こころの信号機」を学ぶ。 ・自分の気持ちや思いを伝えるための「I(私)メッセージ」を練習する。
	(C2) メールやSNS「顔の見えないコミュニケーション」	インターネットを使ったコミュニケーション(SNS＝ソーシャル・ネットワーキング・サービスなど)のメリット・デメリットを理解する。またメッセージの表現の相違によって印象が変わることを知り、よりよい人間関係を構築するための考え方や配慮を学ぶ。	・インターネットを使ったコミュニケーションのメリット・デメリットを理解する。 ・文字での表現で気持ちを伝えるときに配慮すべきことを考える。 ・「インターネットの書き込みのポイント」を使って書き込み内容を考え、グループで話し合う。
	(C3) 電話のマナー「仕事で使う電話」	職場等での電話でのコミュニケーション方法を身につける。	・「電話をするときのポイント」を学ぶ。 ・職場等での電話の受け方・かけ方の流れを学ぶ。 ・電話の受け方・かけ方を身につける。
	(C4) 質問「わからないことを聞く」	質問する際に、相手に快く応じてもらうために、「よい質問方法のポイント」をおさえ実行への意欲を高める。	・質問の意義や、教師のモデリングを見て「よい質問方法のポイント」を学ぶ。 ・ロールプレイを行い、適切な質問方法を身につける。 ・さまざまな場面での適切な質問方法を練習する。
	(C5) 依頼と断り「上手な頼み方と断り方」	アサーティブな頼み方と断り方を学び、「上手な頼み方と断り方のポイント」をおさえた頼み方、断り方ができるようになる。	・教師のモデリングを見て「上手な頼み方と断り方のポイント」を学ぶ。 ・ロールプレイを行い、適切な頼み方、断り方を練習する。 ・さまざまな場面での頼み方、断り方を練習する。
D 関係づくり	(D1) 関係開始「友だちや知人をつくろう」	自分から対人関係を開始することの重要性を理解する。そして「声をかけるときのポイント」を使って、自発的に人間関係を構築できるようになる。	・教師のモデリングを見て、「声をかけるときのポイント」を学ぶ。 ・ロールプレイを行い、「声をかけるときのポイント」を身につける。 ・さまざまな場面での声のかけ方を練習する。
	(D2) 関係維持「意見を述べよう」	ブレーンストーミングの手法を知る。そしてブレーンストーミングの手法を使い、自分の意見を表明するスキルを身につける。	・「ブレーンストーミングのポイント」を学ぶ。 ・「ブレーンストーミングのポイント」を使って話し合いをする。 ・ブレーンストーミングを振り返り、意見を交流する。
	(D3) 問題解決「トラブルの解決」	人間関係においてトラブルが起きたときの「トラブル解決のポイント」を理解する。そして「トラブル解決のポイント」を使って、自分の身に起こったトラブルを解決することができるようになる。	・トラブル場面での自分の行動を振り返る。 ・「トラブル解決のポイント」を理解する。 ・「トラブル解決のポイント」を使った解決方法を練習する。

分類	コード・タイトル	説明	活動内容
Eストレスマネジメント	(D4) 説明 「要領よく上手に伝えよう」	相手にわかりやすく伝えるための「伝え方のポイント」を理解する。そして、このポイントを使って上手に伝えることができるようになる。	・わかりやすい伝え方を考える。 ・教師のモデリングを見て「伝え方のポイント」を理解する。 ・「伝え方のポイント」を使った伝え方を練習する。
	(E1) ストレス対処 「ストレスとうまくつきあおう」	ストレスに関する知識を身につけ、適切なストレス対処を行うために必要があることを理解する。また、ストレス対処法はいくつかのグループに分類されることを知り、自分に適したストレス対処法を見つけて、それらを有効に使うことができる。	・自分がどのような場面や状況でストレスを感じるのかを振り返る。また、「善玉ストレッサー」と「悪玉ストレッサー」の違いを知る。 ・グループで話し合い、多くのストレス対処法があることに気づく。また、それらの対処法を分類する。 ・ストレス対処法の中から簡単な方法を試し、ストレス対処法の効果に気づく。
	(E2) ストレス対処 「こころの危機に対応しよう」	現在起きているこころの危機、または今後起こここのうち危機に対応するために、適切な援助希求行動ができるようになる。また、こころの危機に陥った友だちへ適切な関わりができるようになる。	・こころの危機のサインを知る。 ・こころの危機に陥った自分自身や友だちへの対応の仕方を学ぶ。 ・地域の援助機関を知る。
F 問題防止	(F1) 規範意識の向上 「自分も他人も気持ちよく過ごそう」	ルールやマナーについて学ぶことで、それらを遵守しお互いが気持ちよく過ごすための行動への意欲を高める。	・公共の場での迷惑行為について考える。 ・ルールとマナーについて学ぶ。 ・学校でのルールとマナーについて考える。
	(F2) 心身の健康 「健康な生活を送るために」	生活習慣病を引き起こす要因を知り、健康に関わる行動を考えることで、生活習慣を正しく整えようとする意欲を高める。	・生活習慣病と、予防のための生活習慣について学ぶ。 ・健康に関わる行動を考える。 ・自身の生活について見直し、今後の改善点を決め、日常の生活目標を立てる。
G 環境変化への対応	(G1) 生き方の選択と決定 「自分らしさをいかそう」	自分のよさや長所に目を向け、自己理解を深める。そして、自分の特徴をもとに、自分の将来や進路について考える。	・本人から見た自分の特徴や興味について考える。また、グループの友だちの特徴や興味について考える。 ・本人と他者の両方から見た自分の特徴や興味をグループで話し合い、自己理解を深める。 ・将来の夢や仕事、進路について考える。
	(G2) 職業観・勤労観 「何のために働くのか？」	自分の職業に対する価値観を考える。また友だちの職業に対する価値観と比較することで、価値観の多様性に気づく。	・個人で職業に対する価値について考え、順位をつける。 ・グループで話し合い、さまざまな考えがあることを知る。 ・社会で活躍する人の職業に対する考えを読み、自分の価値観を再検討する。

	(G3) 援助要請 [困難な状況に対処しよう]	自分で生活設計できる力を身につける大切さを理解する。また、仕事上でのさまざまなリスクを知り、困難な状況での対処方法や生活困窮時のセーフティネットについて知る。	・高校卒業後の社会人1年目の1か月の収支をシミュレーションする。 ・仕事上でのさまざまなリスクを考え、困難な状況に陥ったときの対処方法を理解する。 ・生活困窮時のセーフティネットについて理解する。
Hボランティア	(H1) 地域でのボランティア [地域でのボランティア]	ボランティアは、さまざまな経験や人との出会いを通じて、自己を成長させる活動であることを理解する。また地域のボランティア活動に参加するための知識を学び、参加する（あるいは、参加を希望する）ボランティア活動を決定する。	・ボランティアの意味を知る ・地域で行われているボランティアを知る。 ・ボランティア活動の心構えを知り、自分たちにできる地域でのボランティアを決定する。
	(H2) 街中でのボランティア [ちょっとした声かけ]	街中や交通機関の中などで、手助けが必要な人に、適切に声をかけて援助を行うことができるようになる。	・街中や交通機関の中などで、誰がどのような場面で手助けを必要としているのかを考え、援助のポイントを理解する。 ・教師のモデリングを見て、適切な声かけの方法を考える。 ・ロールプレイを行い、適切な声かけの方法を身につける。

表5　生徒の特徴をまとめた例

強み	・ていねいな指導をすれば，指示に従うことが多い。 ・規範意識は一定程度保たれている。 ・部・クラブ活動への加入率が高い（今年は〇%） ・（省略）
弱み	・基本的生活習慣が身についていない生徒が〇%程度いる。 ・SNS での小さなトラブルが多い（昨年は年間〇件）。 ・（省略）

例を表5に示した。その際，できるだけ具体的なデータ（人数，件数，割合など）を記入しておくと指導者間の理解のずれを防ぐことができる。

　なお，こうした教師や指導者によるアセスメントを裏付けるものとして，次節3の **1** (p.17) で説明する質問紙（アンケート）などを用いることができる。こうした方法で，全体の傾向とは別に各学習者の特徴を確認しておくと，学習後の具体的な変容がより明確なものとなる。

2 「点から線へ」：年間の諸行事や学習経験との関連づけ

　教育課程への位置づけという点では，年間に計画されている諸行事や教科・科目での学習との関連づけがあると，教育効果が高くなる。諸行事との関連づけで想定される一例を図1に示した。例えば，入学式の次の登校日にさっそく「D1　友だちや知人をつくろう」を実施するのは，新しい環境に入り期待と不安が混ざった中で，まずは互いに知り合いになって仲間をつくる意味とその具体的な方法や機会を提供するためである。矢印の先に行事がある場合は，ユニットの学習がちょうどそれらの行事の事前指導の一部に位置づけられていることになる。

　教科・科目での学習については，例えば保健体育での精神の健康に関する学習があったときに，ストレス対処の「E1　ストレスとうまくつきあおう」やあるいは援助要請の「G3　困難な状況に対処しよう」を間隔を考慮して実施するといったことである。これらのユニットを単独でやるよりも，教育効果は高くなるであろう。

　こうした関連づけを「点から線へ」と呼んでいるが，これが進むとその学校独自のカリキュラム構成となりさらなる改善の土台となる。いわばその学校の伝統ともなれば，大きな教育効果が期待できるであろう。

3 教育課程への位置づけ

　SEL-8Career プログラムを教育課程のどこに位置づけるとよいのか。これはその学校の課程やコース等，そして生徒の実態によって異なる。一般的には，ホームルー

	学校行事等	SEL-8Career プログラムのユニット
4月	入学式 ──────────→	D1 友だちや知人をつくろう
5月	1学期中間考査 ←	A1 時間を大切に
6月	文化祭 ←	D2 意見を述べよう
7月	インターンシップ ←	C3 仕事で使う電話
9月		G2 何のために働くのか？
	就職試験開始 ←	A3 初対面の人へのあいさつ
10月		D3 トラブルの解決
	体育大会 ←	D4 要領よく上手に伝えよう
11月	大学推薦入試開始 ←	E1 ストレスとうまくつきあおう
12月		
1月		
2月	修学旅行 ←	H2 ちょっとした声かけ
	大学一般入試開始	G3 困難な状況に対処しよう
3月	卒業式 ←	

図1　SEL-8Career の学校行事への関連づけの例

ムやあるいは総合的な探究の時間等が考えられるが，その他に学校等の独自の科目としての実施も可能であろう。

　その際，おおまかに次のような実施方法が考えられる。

　①1ユニットを1単位時間で実施する。

　②1ユニットを15分程度ずつに3分割して，ショートホームルーム等で実施する。

　③1ユニットの中心部分（中心となるスキルの説明とモデリングの提示など）だけを実施する。

　なお，③の実施方法の場合は効果の有無を確認するだけでなく，学年や学校全体での実施にばらつきがないように，しっかりとした実施計画の立案と確実な実践の手立てが必要である。学級担任等の意向や思いつきに委ねると，学校全体での効果を期待することはできない。

4　ユニットの学年配置

　ユニットをどのように各学年に配置したらよいのか，という問いもよく耳にする。

表6 高等学校での学年ごとのユニット配置例

	A 基本的生活習慣	B 自己・他者への気づき、聞く	C 伝える	D 関係づくり	E ストレスマネジメント	F 問題防止	G 環境変化への対応	H ボランティア
1年生 10時間	(A1) 時間管理「時間を大切に」	(B1) 傾聴「上手に聴こう」 (B2) 自己理解①「自分の長所・短所」	(C1) 気持ちの良い伝達「気持ちの伝え方」 (C2) メールやSNS「顔の見えないコミュニケーション」	(D1) 関係開始「友だちや知人をつくろう」	(E1) ストレス対処「ストレスとうまくつきあおう」	(F1) 規範意識の向上「自分も他人も気持ちよく過ごそう」	(G1) 生き方の選択と決定「自分らしさかそう」	(H1) 地域でのボランティア「地域でのボランティア」
2年生 9時間	(A2) 金銭管理「お金を大切に」	(B3) 自己理解②「自分の考え方の特徴を知ろう」	(C3) 電話のマナー「仕事で使う電話」 (C4) 質問「わからないことを聞く」	(D2) 関係維持「意見を述べよう」	(E2) ストレス対処法「こころの危機に対応しよう」	(F2) 心身の健康「健康な生活を送るために」	(G2) 職業観・勤労観「何のために動くのか?」	(H2) 街中でのボランティア「ちょっとした声かけ」
3年生 6時間	(A3) あいさつ「初対面の人へのあいさつ」	(B4) 他者理解「別の面に気づこう」	(C5) 依頼と断り「上手な頼み方と断り方」	(D3) 問題解決「トラブルの解決」 (D4) 説明「要領よく上手に伝えよう」			(G3) 援助要請「困難な状況に対処しよう」	

これはまさに，各学校で工夫してほしい点である。表6に示したのはその1例である。この例では，入学後間もない1年生の段階でやや多めにユニットを実施し，学年進行に合わせて少しずつ数が少なくなっている。入学直後の時期に重点をおいて学習を行い，その後の高校在学中にさらにスキル等の習得を進めて社会的自立を図ろうという方針にもとづくと考えられる。なお，生徒の実態によっては，前の学年で学習したユニットの学習を繰り返すことによって，好ましい行動や習慣が定着しやすいといったこともあるであろう。上で述べた諸行事や学習経験との関連づけを横糸とすると，学年配置は縦糸に相当する。繰り返しになるが，1で説明した学校等の生徒の実態に合わせて，より効果的なカリキュラム編成を行う必要がある。

5　指示が通るようになった！：教師-生徒関係改善のしくみ

　SEL-8Career の学習が進むと，生徒個人の社会的能力が高まり，それによって生徒間の関係改善が期待できる。実は，それだけでなく教師と生徒の関係も向上していくことが，これまでこの種の予防的な取組を実施してきた小中学校から報告されている。図2は，これについて推測される仕組みを示したものである。

　教師の指導であいさつに関して，① SEL-8Career の学習をしたとする。それによってインターンシップで②行動の変容が起こり，適切なあいさつができたとしよう。その話を聞いて教師は生徒をほめ，生徒は③称賛を受けて自信がつく。ここで，生徒の行動変容のきっかけは教師による指導が発端であるため，生徒にとってはそうした

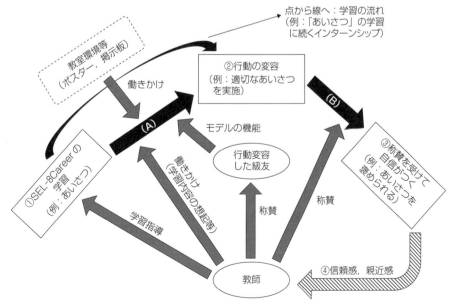

図2　SEL実施による教師-生徒関係改善のしくみ
(出所) 小泉（2015）p. 211を一部改変。

指導をしてくれた教師に④信頼感や親近感をもつであろう。こうした経験が繰り返されると，教師への信頼感や親近感が高まるとともに，それが教師のもつ価値を生徒が取り入れやすくなる土壌になる。具体的に言うと，信頼する教師が「こうした方がよい」という行動は実行しやすくなり，逆に信頼する教師が「止めなさい」という行動は取らなくなるだろう。このような過程を経て教師の指導を受け入れやすくなるのである。

　この図式でのポイントは，②行動の変容が起こるかどうかである。そのためには，行動が出るように（A）の矢印部分で学習内容を想い出させたり，ポスターなどを貼って教室環境を工夫したりすると効果的である。また，先に行動が変容した生徒をほめたりそうした行動が好ましいものだと認めたりすると，それが他の生徒へのモデルの機能を果たすことも期待できる。そして，②行動の変容が見られたら，（B）の矢印部分でしっかりと認めて称賛することを忘れてはいけない。

6　問題行動の予防に向けて

　SEL-8Career は，生徒の社会的自立に向けて社会的能力を育てるためのものであるが，学校生活についてはさまざまな問題行動の予防に大きな意味をもつと考えられる。つまり，図3に示したように，単に犯罪や問題行動に関する科学的知識だけでは問題行動の被害・加害の予防は効果的ではなく，社会的能力を高めることによって自尊心や規範意識を高めておくことが必要であると考えられる。図の中には，スマートフォン等の利用の場合を例にして，この関係を示してある。単にスマホ等の危険性や利用に関する注意点を学ぶだけでは，興味本位で使ってみたりさらには悪用しようとする者が出てくるかもしれない。自分を大切にするとともに他者を尊重する態度や，

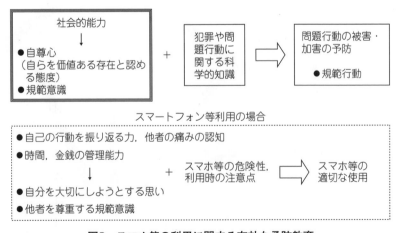

図3　スマホ等の利用に関する有効な予防教育
（出所）小泉（2011）p.76を一部改変。

そのための具体的なスキルを学んでおく必要があると考えられる。

　この構図は，生徒たちが社会に出てからも同様である。情報化社会の中では新しい技術や環境に出合い，それらについての情報や知識の獲得が必要であるが，それを正しく適切に使用するためには，基盤となる社会的能力が必要不可欠なのである。

3　社会的能力の評価方法

　取組の成果を評価する方法は様々である。以下に，評価者の区分による評価方法の紹介や説明を行う。

　なお，キャリア教育は，生徒一人一人の社会的・職業的自立に向けた教育活動である。社会的・職業的自立に必要な力の中には，態度や価値観というような測定が難しい内容が含まれる。測定が難しい内容については，これから説明する調査法や検査法のような量的な評価だけではなく，行動観察やポートフォリオ評価などの質的な評価を活用することが重要となる。このように評価を行う際には，複数の評価方法を用いた多面的な評価が求められる。これにより，教師は生徒一人一人のキャリア発達の程度を把握し，効果的なキャリア教育の推進が可能となる。また，生徒がこれらの評価結果を振り返ることによって，自身の社会的・職業的自立を促すことができる。そのためにも，各種の評価結果は，可能な限り生徒にフィードバックすることが望ましい。

1　生徒本人による評価

① 質問紙（アンケート）

　この方法は，質問項目に対して複数の選択肢から回答するものである。質問紙は，実施が比較的簡単であり，短時間で多くの情報収集ができるというメリットから，最も一般的な評価方法である。選択肢は「はい」「いいえ」による2段階から5段階程度（「あてはまる」「少しあてはまる」「どちらともいえない」「ややあてはまらない」「あてはまらない」）の選択肢を設定する方法がある。また，質問項目は1項目だけに回答するものと，複数項目に回答するものがある。一般的に質問項目は，回答者の負担を考えて30問程度にすることが望ましいとされる。複数項目を回答する場合は，回答の合計点や平均値を算出する。ここではSEL-8Careerプログラムの8つの能力を測定できる「キャリア発達社会的能力尺度（SEL-8Career尺度）」（小泉，2021）を表7に示す。

　この質問紙では，8つの能力ごとに3項目の質問項目によって平均値が測定できるようになっている。また，5つの基礎的社会的能力の平均値，3つの応用的社会的能力の平均値，およびそれらを合わせた8つの総合的な社会的能力の平均値も算出する

表7　キャリア発達社会的能力尺度

今日の日付：_____月_____日

学校生活についてのアンケート

_____高等学校　____年____組____番（男・女）　名前 _____

① このアンケートは，日々の生活をどのように過ごしているかたずねるものです。

② このアンケートはテストではありません。正しい答えやまちがった答えはありませんので，ありのままに答えてください。

③ 次の質問を読んで，自分の考えに一番あてはまるものを一つだけ選んで，4から1の数字に〇をつけてください。

4．はい	3．どちらかといえばはい	2．どちらかといえばいいえ	1．いいえ

例	朝ご飯はいつも食べる	④	3	2	1
	友だちと遊ぶときは外では遊ばない	4	3	②	1

	4．はい	3．どちらかといえばはい	2．どちらかといえばいいえ	1．いいえ
1．自分の得意なことと，不得意なことがわかっている。	4	3	2	1
2．友だちが気分を害していると，それに気づく。	4	3	2	1
3．ムカついても，すぐにどなったりしない。	4	3	2	1
4．周りの人に，自分の意見をうまく話すことができる。	4	3	2	1
5．何かを自分で決めるときには，ほかの人への影響もよく考える。	4	3	2	1
6．危険な場所には，一人で行かないようにしている。	4	3	2	1
7．学校や職場が変わっても，うまくやっていける	4	3	2	1
8．ほかの人が助けを求めていたら，できるだけ力になりたい。	4	3	2	1
9．嘘（うそ）をついたことがない。	4	3	2	1
10．自分がうまくできることと，できないことがわかっている。	4	3	2	1
11．友だちが悲しんでいると，それに気づく。	4	3	2	1
12．嫌（いや）なことがあっても，八つ当たりはしない。	4	3	2	1

13．周りの人が自分を理解してくれるように，きちんと伝えることができる。	4	3	2	1
14．何かを自分で決めるときには，軽はずみな決断（決め方）はしない。	4	3	2	1
15．危険なことややってはいけないことには，手を出さない。	4	3	2	1
16．上の学校や新しい職場に行っても，うまくやっていける。	4	3	2	1
17．ほかの人の役に立ちたいと思う。	4	3	2	1
18．悪口を言ったことがない。	4	3	2	1
19．自分の長所と短所がわかっている。	4	3	2	1
20．友だちが落ち込んでいると，それに気づく。	4	3	2	1
21．気分の浮き沈みには，あまり影響されない。	4	3	2	1
22．困ったときには，周りの人に相談できる。	4	3	2	1
23．何かを自分で決めるときには，どういう結果になるかをよく考える。	4	3	2	1
24．悪いことに誘われないように，なるべく関わらないようにしている。	4	3	2	1
25．新しい環境に入っても，うまく友だちを作れる。	4	3	2	1
26．ほかの人の手伝いをするのは楽しい。	4	3	2	1

ご協力ありがとうございました。もう一度，すべてに回答してあるか確かめてください。

集計方法

社会的能力	項目番号
(1)自己への気づき	1, 10, 19
(2)他者への気づき	2, 11, 20
(3)自己のコントロール	3, 12, 21
(4)対人関係	4, 13, 22
(5)責任ある意思決定	5, 14, 23
(6)生活上の問題防止のスキル	6, 15, 24
(7)人生の重要事態に対処する能力	7, 16, 25
(8)積極的，貢献的な奉仕活動	8, 17, 26
（虚偽尺度）	9, 18

・生徒ごとに，社会的能力ごとの1項目当たりの平均点（1.0〜4.0）を計算する。
・(1)〜(5) 基礎的社会的能力，(6)〜(8) 応用的社会的能力

（出所）小泉（2021）。

ことができる。

　ここで紹介した質問紙以外にも，例えばキャリア教育の4能力に対応した質問紙を利用することができる。例として，浜銀総合研究所（2015）が文部科学省の委託により実施したキャリア教育に関係する調査の中で，キャリア教育の4能力に対応した質問項目が用いられている。これ以外にも，学校が独自に作成した指標の他，各自治体で作成した指標などがあれば，継続して使用することができる。

　学校独自で作成する場合は，学校ごとの教育目標との関連を図りながら，キャリア教育を通して，生徒が身につける力とはどのようなものかを明確にしておくことが重要となる。例えば，基礎的・汎用的能力の1つである人間関係形成・社会形成能力の要素には，他者の個性を理解する力，他者に働きかける力，コミュニケーションスキル，チームワーク，リーダーシップなどが含まれている。こうした要素を含めた質問項目の作成ができる。ただし，基礎的・汎用的能力における4能力の組み合わせやどの程度の力を身につけるかは，地域や学校の特徴，あるいは生徒の実態によって異なる。この点を考慮して，教育の目的・目標を設定した上で，評価を行うことが大切である。つまり，生徒の実態に合わせて質問項目を焦点化・重点化を図ることが望ましい。

　また，地域や学校が目指すキャリア教育の目的に適合した尺度があれば，それらの指標を用いることができる。既存の尺度の場合，測定したものを的確に測定していることを示す妥当性と測定した結果が信頼のおけるものであることを示す信頼性が保障されるため，独自に作成したものよりも正確な評価ができる。尺度として信頼性と妥当性を有したものには，進路成熟度尺度（坂柳・竹内，1986），進路決定自己効力感尺度（永作・新井，2001），キャリアデザイン力尺度（三川・石田・神田・山口，2017）などが開発されている。

　キャリア発達という視点で考えると，社会的能力のような具体的な行動レベルの評価以外に価値観の変容を調べることができる。高校段階でのキャリア教育の発達課題の一つに，「選択基準としての勤労観，職業観の確立」が挙げられており，キャリア教育の学びの中で，働くことの重要性や意義を理解し，生徒一人一人の勤労観や職業観を確立できるかどうかも，重要な評価の観点といえる。

　こうしたキャリア選択やキャリア決定に向けた成熟については，キャリアレディネス尺度（坂柳，2019），キャリア選択自己効力感尺度（花井，2008），進路決定自己効力感尺度（永作・新井，2001）などが挙げられる。

② 検 査 法

　検査法は，心理検査を用いて生徒の心理的特性に関する情報収集を行う方法である。キャリア教育では，児童生徒の自己理解を深めることをねらいとして，児童生徒の能

力や適性，キャリア発達の程度などを評価する際に広く用いられている。キャリア教育でよく用いられている検査法には，職業レディネス・テスト（労働政策研究・研修機構，2006），職業適性検査（厚生労働省，2013）がある（表8）。こうした検査の多くは標準化されており，偏差値による結果表示がなされるなど比較的信頼性が高い評価方法である。また，これらの心理検査の中には，社会的能力に関連する項目が含まれており，各種検査の結果を活用することもできる。

表8　検査法の説明

種　類	説　明
職業レディネス・テスト （労働政策研究・研修機構，2006）	いくつかの職業や仕事に関する興味の程度や職務遂行の自信度といった職業志向性と，日常生活における基礎的志向性を測定し，生徒の職業に対する準備度（レディネス）を把握する。
職業適性検査 （厚生労働省，2013）	職務を遂行する上で必要となる基礎的な能力を測定することで，個人の適性を活かした進路や職業の探索などの望ましい職業選択を行うための情報収集を行う。

2　他者による行動評定

① 教師による評価

　学校現場で最も一般的な行動評定の評価者は教師である。学校生活でみられる行動を教師が観察することで評価する方法である。評価項目については，生徒本人による質問紙の質問項目に対応した内容を評価する方法が考えられる。例えば，キャリア発達社会的能力尺度では，「自己への気づき」について，「自分の得意なことと，不得意なことがわかっている」「自分がうまくできることと，できないことがわかっている」「自分の長所と短所がわかっている」の3項目を本人に尋ねている。これらの力がどのくらいあるかを教師の行動評定によって評価するものである（図4）。そのほか，基礎的・汎用的能力に関する生徒本人による評価を行った場合にも対応は可能である。こうした評価は，生徒本人の評価と観点が同一であるため，自己評価と他者評価のズレを確認することができる。

　その他に，学校ごとの教育目標に沿った質問項目を設定することも考えられる。その際，行動レベルの質問項目にすることが重要である。例えば，「豊かな心」や「生きる力」などは教育目標に含まれやすいキーワードである。しかし，これらのキーワードをそのまま活用すると，行動評定を行うことが難しい。そこで，例えば「豊かな心」であれば，「他者と協力することができる」や「困っている人に声を掛けることができる」などの行動レベルで観測可能な項目に置き換えることが求められる。

　なお，行動評定については，観察者の主観が入りやすいため，教師の立場（担任教

【行動評定の教示文】

　下に示すような社会的能力が，それぞれの生徒にどのくらいあると思いますか。日常の学校生活に基づいて，「1：ほとんどない」「2：あまりない」「3：どちらとも言えない」「4：ある」「5：とてもある」の5段階で評価してください。なお，各能力の具体的な内容については，別紙の項目を参考にしてください。

社会的能力	生徒				
	1	2	3	4	
自己への気づき 　自分の感情に気づき，また自分の能力について現実的で根拠のある評価をする力					
他者への気づき 　他者の感情を理解し，他者の立場に立つことができるとともに，多様な人がいることを認め，良好な関係を持つことができる力					

別紙：社会的能力の具体的な内容

社会的能力	具体的な内容
自己への気づき	・自分の得意なことと，不得意なことがわかっている。 ・自分がうまくできることと，できないことがわかっている。 ・自分の長所と短所がわかっている。
他者への気づき	・友だちが気分を害していると，それに気づく。 ・友だちが悲しんでいると，それに気づく。 ・友だちが落ち込んでいると，それに気づく。

図4　教師による生徒の行動評定の方法

師，副担任教師，養護教諭，生徒指導担当など）によって評価結果が異なることが考えられる。例えば，ある生徒の行動観察を担任教師が行った場合，これまでのかかわりによって，好ましい印象を持っている生徒には，全体として肯定的な評価がなされ，反対に，好ましくない印象を持っている生徒には否定的な評価がなされてしまうことがある。こうした問題点を解消するためには，複数人での観察によって客観性を高めたり，様々な場面での行動を観察したりすることなどの方法が考えられる。こうして得られた多くの評定結果を合わせて平均値を求めるとよい。

② 生徒による相互評価

　生徒による相互評価も意味がある。生徒は教師よりも学校生活で多くの時間を共に過ごしており，休憩時間や放課後など教師が観察することのできない時間の様子を知

っている。そのため，生徒による相互評価は比較的信頼性が高く，日常生活での行動や態度の評価に適した評価方法とされている。

ただし，評価の実施や結果の活用については十分な配慮が求められる。特に，いじめなどの友だち関係への悪影響を及ぼさないようにすること，実施における生徒への心理的な負担を極力減らすようにすることについては，十分に気を付ける必要がある。

質問項目については，これまでの教師，保護者による評価と同様に，生徒本人による質問紙の質問項目に対応した内容を相互評価する方法が考えられる。その際，学級内の全生徒の相互評価を実施することは現実的ではない。そこで，同じ班の中で相互評価を行う方法がある。

その他，生徒に「いつも友だちにやさしい人は誰ですか」や「クラスのリーダーは誰ですか」という質問をし，学級内の生徒の特徴を把握するゲス・フー・テストという方法がある。質問項目については，教師による評価の中で示した学校ごとの教育目標に沿った質問が考えられる。その際，「他者と協力することができる人は誰ですか」「困っている人に声を掛けることができる人は誰ですか」というように，具体的な行動レベルでの設問が求められる。結果については，回答数をそのまま点数に得点化し評価することができる。

③ 保護者による評価

保護者による評価は，学校生活以外の場面での社会的能力を測定する上で重要な情報源となる。学校生活以外での社会的能力の変化は，学校で学習し，獲得した内容が定着化・一般化している可能性を示す大きな指標となる。

保護者による評価を実施する際には，実施時の負担を十分に考慮する必要がある。具体的には，質問項目，評価の実施回数を極力少なくすることが考えられる。その他，特に詳細な評価が必要な生徒に対してのみ，保護者による評価を行うこともできる。

3　その他の評価

① ポートフォリオ評価（キャリア・パスポート）による評価

キャリア教育におけるポートフォリオとは，「キャリア発達を促すことにつながるさまざまな学習経験や活動の記録，特性・資格・免許などの一覧をファイリングしてまとめたもの」（国立教育政策研究所，2011）である。ポートフォリオによる評価は，学習活動をとおして蓄積された具体的な学習物を作成し，定期的に振り返る過程の中で，生徒自身の自己理解が深まることが期待される。また，教師にとっては，児童生徒のキャリア発達についての個別指導や支援に役立てることができる。こうしたポートフォリオの中から，社会的能力の変化についても把握することが可能であろう。

　キャリア教育においては，2020年度から「キャリア・パスポート」と呼ばれるポートフォリオを全ての小学校，中学校，高校で実施することとなっている。ポートフォリオによるデータの蓄積がなされることで，例えば，小中学校での変化と高校での変化を比較するなど個人内評価を行うことが可能となる。

② 実績による評価

　評価の実施に当たっては，学期や年度ごとの短期・中期的な目標だけではなく，高校3年間の長期的目標を設定することが必要となる。こうした長期的目標における重要な評価指標には，卒業後の就職や進学状況の調査が挙げられる。キャリア教育は社会的・職業的自立に向けた教育活動であるため，高校卒業後に生徒が社会的・職業的自立を達成できたかどうかを評価することは重要となる。そのため，卒業時の進路状況の確認の他，卒業後に追跡調査を行うことも重要な視点である。

実 践 編

A 基本的生活習慣

　この学習領域のおもなテーマは，時間管理（A1：アルファベットと数字は学習ユニットを表す。以下同じ），金銭管理（A2），あいさつ（A3）である。

　「時間を大切に」（A1）は，勉強，部活動，アルバイトなどやることが多くなる高校生にとって，適切な時間管理ができるようになるために設定した。入学後最初の定期考査の準備期間に実施するとよい。また1回の指導で終わらず，その後の定期考査の時も使用するとより効果が高まる。

　「お金を大切に」（A2）は，生徒が高校卒業後に使用する可能性が高いクレジットカードについての学習内容になっている。現在は学生や低収入の若者でもクレジットカードを持つことができるため，クレジットカードの使い方について高校生のうちに学習しておくことは意義がある。今後は，さらに電子マネーの普及が予想されるため，家庭科や公民科の授業と関連させて学習することによって，卒業後の社会人としての生活に必要な金銭管理能力を身につけさせることができるだろう。

　「初対面の人へのあいさつ」（A3）は，初めて対面する人へのあいさつを学習する内容になっている。3年生の就職試験や上級学校の入試前に実施すると，より生徒の学習意欲が高まるであろう。なお，生徒の実態によっては，もっと早い段階から学習して必要なスキルが確実に習得できるようにすることも必要である。ロールプレイに対して抵抗を示す生徒がいる可能性が考えられるが，「スキルを習得する」という目的を明確にすることによって，意欲的に行うことができるよう適宜指導が必要である。

A1 時間を大切に

【ねらいとする能力】
• 自己のコントロール　• 責任ある意思決定

意義

高校生活は，勉強，部活動，アルバイトなどやることが多い。その中で定期考査や部活動の大会，3年生になると就職試験や上級学校受験など，計画的に取り組まなければ目標を達成できない。そのため，スケジュールを立て，計画的に実行する習慣づけが大切となる。

目的

自分の生活を振り返り，時間を管理することの重要性に気づく。そして，自分で1週間程度のスケジュールを立て，適宜見直しと修正をしながら実行できるようになる。

○準備
- プリント
- ポスター（電子ファイルについては「本書の利用方法」（p. iv）を参照）
- スケジュール（悪い例・良い例・修正例）
- テスト範囲（学校のものを準備）※生徒が各自で確認する場合は，この授業までに準備することを伝えておく。

○授業概略
(1) 計画を立てるときの「スケジューリングのポイント」を学ぶ。
(2) ポイントに気をつけて，自分の計画を立てる。
(3) 自分で立てた計画を見直し，ポイント「見直しと修正」の必要性に気づき，自分の計画を修正する。

スケジューリングのポイント
〜目標達成に向けた計画の立て方〜

や やるべきことの確認
つ 使える時間の確認
け （余裕のある）計画
見直しと修正

覚えておこう!!

"やっつけ"のスケジュール
を"見直し修正"

○期待される生徒の変化と反応
- 自分に合った計画を立てられるようになる。
- 立案した計画を実行できるようになる。

「スケジューリングのポイント」の覚え方 『"やっつけ"のスケジュールを"見直し修正"』
【や】やるべきことの確認　【つ】使（つか）える時間の確認　【け】（余裕のある）計画（けいかく）
【見直し修正】見直しと修正

ユニット指導にあたって

　この授業では，目標達成に向けた計画の立て方と，その途中での計画の見直し・修正について学習する。授業は活動(1)・(2)と活動(3)の大きく2つに分けて実施し，活動(3)の計画の見直し・修正の時間は活動(1)・(2)から3〜5日程度の間をおいて実施するとよい。そして計画したスケジュールが終了した後に，まとめや振り返りの時間をとると，さらに理解や気づきが深まると考えられる。

　実施の際には，試験前の計画や夏休みの計画などと関連付けると学習への動機づけが高まるだろう。また，文化祭や体育大会といった学校行事の計画を作成するときなどにも活用できる。

場　面		教師の指示（★）と生徒の反応・行動（△）	留意点
導　入		★みなさんは，次のテストのための学習計画を立てましたか？ △立てた／立てていない。	
説　明		★計画を立てると目標を達成しやすくなります。今日は計画の立て方を学習します。	
活動(1)	スケジューリングのポイントを学ぶ。	★今までの生活の中で，「計画的に取り組んだことが，よい結果につながった」と思うことはありますか？ △高校入試の時，何か月も前から受験勉強した／自主練習を毎日行ったら，レギュラーになれた。 ★では逆に「計画的に取り組まなかったので，うまくいかなかった」と思うことはありますか？ △テストの時直前まで勉強しなくて，点数が悪かった／テスト範囲を確認していなくて，違う範囲の勉強をした。 ★今の意見から，計画的に物事を進めていくことは，よい結果につながることがわかりますね。 ○週間後にテストがありますが，みなさんはこれまでテストの後には，「計画的に勉強したからよい結果だった」と「もっと計画的に勉強しておけばよかった…」のどちらが多かったですか？ △〔どちらかに挙手する〕 ★テストの成績は進路実現に直結する重要なものですよね。3年生になったときに後悔をしないためには，テストの時に計画的な準備をすることが必要です。ではどのように計画を立てたらいいでしょうか。 ★これは，ある生徒が立てたスケジュールの例です。これを見てどう思いますか？ △適当に計画している／何を勉強するのかわからない ★良くない点はどこですか？ △何を勉強するのか具体的に書かれていない／毎日同じ時間に勉強できないかもしれない。 ★これらのことから考えると，スケジュールを立てるときに大切なことは何でしょうか？ △使える時間を確認する／テスト範囲を確認する／テストの日程を確認する。 ★ポイントをまとめます。いいかげんなスケジュールを立てないようにするためのポイントの覚え方は，『"やっつけ"のスケジュールを"見直し修正"』です（ポスターを提示する）。 「スケジューリングのポイント」の覚え方『"やっつけ"のスケジュールを"見直し修正"』 【や】やるべきことの確認　【つ】使（つか）える時間の確認　【け】（余裕のある）計画（けいかく）【見直し修正】見直しと修正 ★では，ポイントを参考にテストに向けた計画を立てていきましょう。	悪い例提示 ポスター提示
活動(2)	自分の計画を立てる。	★まずやるべきことを確認します。教科ごとのテスト範囲を確認しましょう。 △〔テスト範囲を確認する〕 ★次は使える時間の確認です。まず1日の中で起床時刻や学校など決まっている予定を書きましょう。スケジュールの「良い例」を参考にしましょう。 △〔自分の予定を記入する〕 ★今度は空いている時間にテスト勉強の時間を入れましょう。テストの日程を考えて，何をするか具体的にスケジュールを記入しましょう。また，急な変更に対応できるように，余裕ある計画を立てましょう。	プリント配布 良い例提示
まとめ		★計画通りに実行できたか，1週間後に確認するので，毎日の行動を記録しておいてください。これからその計画に沿って，テスト勉強をがんばりましょう。	

場　面		教師の指示（★）と生徒の反応・行動（△）	留意点
活動(3)	計画の見直しと修正を行う。	★テスト勉強はどうですか？　計画通りに実行できていますか？ △できている／できていない。 ★計画を立てて取り組んで，よかった点はありますか？ △いつもより早く勉強が始められた／先の予定がわかっているので落ち着いて勉強できる。 ★そうですね。先を見越すと余裕が生まれます。また直前に慌てて取り組むこともありません。反対にうまくいっていない人は，どんなところがうまくいっていませんか？ △計画通りに時間が取れなかった／予定していた内容が終わらなかった。 ★計画はあくまでも予定です。違う予定が入ったりして，計画通りにいかないこともあります。そんな時はどうしたらいいですか？ △計画を見直す／違う時間を確保する。 ★計画通りにいかなかったときは，計画を見直して修正しましょう。ポイントの「見直しと修正」ですね。修正の仕方を説明します（修正例のD，Eを説明する）。ではもう一度スケジュールを見直して，修正する部分を書き直しましょう。 △〔計画を見直し修正する〕	修正例提示
振り返り（まとめ）		★残りのテスト勉強が計画通りにいくようにがんばりましょう。テスト勉強だけでなく，部活動や受験勉強など，何か目標があるときは，「スケジューリングのポイント」である『"やっつけ"のスケジュールを"見直し修正"』を使って，計画を立てて進めていきましょう。	

実 践 編

「時間を大切に」

_____ 年 _____ 組 _____ 番

氏名 _____

月日	/	/	/	/	/	/	/	/	/	テスト①	テスト②	テスト③	テスト④
曜日										/	/	/	/
予定													
6時													
7時													
8時													
9時													
10時													
11時													
12時													
13時													
14時													
15時													
16時													
17時													
18時													
19時													
20時													
21時													
22時													
23時													
24時													

◆スケジュール［悪い例］

月日	月	火	水	木	金	土	日	月	火	水	木
曜日	/	/	/	/	/	/	/	/	/	/	/
予定								テスト①	テスト②	テスト③	テスト④
6時											
7時											
8時											
9時				学　校			テスト勉強			学　校	
10時											
11時											
12時											
13時											
14時											
15時											
16時											
17時											
18時											
19時											
20時											
21時				テ　ス　ト　勉　強							
22時											
23時											
24時											

31

◆スケジュール【良い例】

月日	／	／	／	／	／	／	／	／	／	／	／
曜日	月	火	水	木	金	土	日	月	火	水	木
予定								テスト①	テスト②	テスト③	テスト④
6時	朝食	朝食	朝食	朝食	朝食			朝食	朝食	朝食	朝食
7時							朝食				
8時						朝食	数Ⅰ問15-20				
9時						家基教復習	コ英教復習	現代社会	生物基礎	コ英Ⅰ	国語総合
10時						数Ⅰ教復習		保健	家庭基礎	数学A	
11時								数学Ⅰ			
12時	学校	学校	学校	学校	学校	昼食	昼食				
13時			Ⓐ								部活動
14時							コ英プ復習				
15時							生基ノ26-31				
16時							数Ⅰ問21-23				
17時							Ⓒ				
18時											
19時	夕食	夕食	夕食	夕食	夕食	夕食	夕食	夕食	夕食	夕食	夕食
20時	現社プ復習		コ英教復習	現社プ35-39 Ⓑ	生物教復習	コ英教復習	現社プ40-44	生基プ40-44	コ英プ復習	国総プ復習	
21時	保健ノ1-5	塾	数A教復習	健ノ6-10	国総プ復習	家基プ復習	保健ノ6-10	生物教復習	数A問5-9	漢字復習	
22時	数Ⅰ教復習										
23時	入浴・就寝	入浴・就寝	入浴・就寝	入浴・就寝	入浴・就寝	入浴・就寝	入浴・就寝	入浴・就寝	入浴・就寝	入浴・就寝	入浴・就寝
24時											

Ⓐ決まっている予定を記入（灰色部分）　Ⓑ計画をくわしく（科目、量など）記入　Ⓒ余裕のある計画を立てる（空欄部分）

32

◆スケジュール［修正例］

時刻	月	火	水	木	金	土	日	月	火	水	木
予定								テスト①	テスト②	テスト③	テスト④
6時	朝食	朝食	朝食	朝食	朝食			朝食	朝食	朝食	朝食
7時											
8時	学校	学校	学校	学校	学校	朝食／家基ワ教復習	朝食／数Ⅰ問15-20				
9時	学校	学校	学校	学校	学校	数Ⅰ教復習	コミ英ワ教復習	現代社会	生物基礎	コミ英Ⅰ	国語総合
10時	学校	学校	学校	学校	学校			保健／数学Ⅰ	家庭基礎	数学A	
11時	学校	学校	学校	学校	学校						
12時	学校	学校	学校	学校	学校	昼食	昼食				
13時	学校	学校	学校	学校	学校	数A教復習	数Ⅰ問21-23				部活動
14時	学校	学校	学校	学校	学校		生基ワ26-31				
15時	学校	学校	学校	学校	学校						
16時	学校	学校	学校	学校	学校						
17時	学校	学校	学校	学校	学校						
18時	学校	学校	学校	学校	学校						
19時	夕食	夕食	夕食	夕食	夕食	夕食	夕食	夕食	夕食	夕食	夕食
20時	現社ノ復習		コミ英ワ教復習	保健ノ6-10	生物ワ教復習	コミ英ワ教復習	保健ノ復習	生基ワ32-36	コミ英ワ復習	国総教復習	
21時	保健ノ1-5	塾	数Aワ教復習	現社ワ35-39	国総ワ復習	家基ワ復習	現社ワ40-44	生物教復習	数A問1-5	漢字ワ復習	
22時	数Ⅰ教復習			35-37			38-44				
23時	入浴・就寝	入浴・就寝	入浴・就寝	入浴・就寝	入浴・就寝	入浴・就寝	入浴・就寝	入浴・就寝	入浴・就寝	入浴・就寝	入浴・就寝
24時											

Ⓓ　Ⓔ（修正位置）

Ⓐ決まっている予定を記入（灰色部分）　Ⓑ計画をくわしく（科目、量など）記入　Ⓒ余裕のある計画を立てる（空欄部分）　Ⓓ計画を立てる　ⒹⒺ修正する

A2 お金を大切に

【ねらいとする能力】
• 自己のコントロール　　• 責任ある意思決定

意義

高校生の多くは，高校卒業後の就職や，進学してからのアルバイトなどによって収入を得る機会が増える。最近は，収入の低い若者でもクレジットカードを持つことができ，またクレジットカード払いができる販売店も大変多くなってきた。そこで，計画的な金銭管理の方法を身につけ，浪費や借金等で困難な事態に陥ることを防ぐために，クレジットカードの利用方法について理解することは重要である。

目的

クレジットカードの機能と利用するときの注意点を学び，計画的なクレジットカードの利用について考えることができるようになる。

○準備
• プリント①②③，計算用紙（プリント③の計算用），電卓
• ポスター（電子ファイルについては，「本書の利用方法」（p. iv）を参照）
• 教師用資料

○授業概略
(1)「クレジットカード利用のポイント」を学ぶ。
(2) 事例からポイントに基づいた適切なクレジットカードの利用について考える。
(3) リボルビング払いのシミュレーションを行う。

○期待される生徒の変化と反応
• 自分のお金を適切に管理できるようになる。

「クレジットカード利用のポイント」の覚え方『クレジットカードは "ひけし"』
【ひ】必要（ひつよう）かどうかよく考える
【け】契約（けいやく）内容を確認する
【し】支払い（しはらい）計画を立てる

ユニット指導にあたって

　この授業では，クレジットカードの基礎的知識を学習する。最近は収入の低い若者でもクレジットカードを持てるようになってきていることから，生徒は卒業後すぐにクレジットカードを持つ可能性が高い。そのため，まずクレジットカードの支払い方法を学習する。次にクレジットカード利用のポイントを確認する。さらに，事例を通して生徒がクレジットカードを計画的に利用することの大切さに気づくようにする。プリント③でリボルビング払いを扱うのは，(1)手数料が分割払いより高く設定されている，(2)支払い残高がわかりにくい，(3)支払金額が低いと支払いが長期化する，といった面があり，クレジットカードを利用するリスクがより高いためである。プリント③をすべて計算して記入すると時間が不足する場合は，生徒の実態に応じて自分で計算する量を減らすことも考えられる。
　さらに支払い遅延によるリスクや多重債務については，教師用資料を参考にしてほしい。

場　面		教師の指示（★）と生徒の反応・行動（△）	留意点
導　入		★インターネットでショッピングをしたことがある人はいますか？　どのように支払いをしましたか？ △〔挙手〕コンビニ振り込み／銀行振込／代引き／保護者のクレジットカード。	
説　明		★卒業するとインターネットショッピングの支払いも，自分のクレジットカードでできるようになります。そこで今日は，クレジットカードの正しい使い方について学びます。	
活動 (1)	クレジットカード利用のポイントを学ぶ。	★高校生はクレジットカードを作れません。それはなぜだと思いますか？ △仕事をしていない／収入がない／未成年だから。 ★ほとんどのクレジットカード会社は，高校生の申し込みを受け付けていません。クレジットとは「客に対する信用」を意味しています。高校生には「支払いができる」という信用がないので，クレジットカードを作れません。 ★では，高校を卒業してクレジットカードを持てるようになったら，どんなときに使いますか？ △一度に払えないものを買うとき／現金を持っていないとき／今月はお金がないけど，来月には収入があるとき。 ★そうですね。クレジットカードを使った支払いには，３つの方法があります。プリント①の１を見てください。何という支払い方法かわかりますか？　プリントに記入してみましょう。 △〔プリントに記入する〕一括払い／分割払い／リボルビング払い。 ★それぞれの支払いの方法には特徴があります。どういった支払方法を使うかよく考える必要があります。ではクレジットカードを利用するときのポイントを紹介します。『クレジットカードは"ひけし"』です（ポスターを掲示する）。プリント①にも記入しておきましょう。 　「クレジットカード利用のポイント」の覚え方『クレジットカードは"ひけし"』 　【ひ】必要（ひつよう）かどうかよく考える　【け】契約（けいやく）内容を確認する 　【し】支払い（しはらい）計画を立てる ★では次の事例で，適切なクレジットカードの利用について考えていきましょう。	プリント①配布 ポスター提示
活動 (2)	適切なクレジットカードの利用について考える。	★クレジットカードを利用するときに，考えなければならないことは何だと思いますか？ △買いすぎていないか／支払いができるか。 ★そうですね。では，ある事例を通して考えてみましょう。プリント②を見てください。これはAさんがクレジットカードで買い物をした例です。まずAさんの問題点をポイントに沿って考えます。その後，問題の改善策を考えます。できたらグループで意見交換をしてみましょう。 △〔プリントを記入し，グループで意見交換をする〕 ★どのような意見が出ましたか？ △〔話し合った内容を発表する〕 　問題点：【ひ】欲しいと思ったら何でもすぐに買ってしまうところ／【け】説明文を全然読んでいないところ／【し】予算をオーバーしている月があるところ。 　解決策：買う前に必要かよく考える／クレジットカードを作る前に説明をよく読む／予算をオーバーするような買い物はしない／分割払いはなるべくしない／１つのものの支払いが終わらないうちは，クレジットカードを使って買い物をしないようにする。 ★クレジットカードを利用するときは，『"ひけし"』のポイントが大切ですね。次は，クレジットカードでリボルビング払いを利用したときの支払い金額について考えてみましょう。	プリント②配布
活動 (3)	リボルビング払いのシミュレーションを行う。	★プリント③を見てください。事例を読んで，Bさんが月々いくら支払うか計算してみましょう。 △〔プリント③に記入する〕 ★計算してみてどうでしたか？ △実際の金額より支払い額がずいぶん多いと感じた／利息で支払う金額がけっこうあった。 ★リボルビング払いは毎月の支払金額が決まっているので，払えると思ってつい買いすぎてしまう傾向があります。「毎月１万円の支払いだから」といって買い物をし続けると，何にいくら使い，返済がいつ終わるのかわからなくなってしまいます。また，会社によって手数料が違いますので，高い手数料の会社の場合，支払い総額もずいぶん高くなりますね。 ★もし使い過ぎて支払いができなくなると，クレジットカードが一時的に使えなくなるばかりではなく，支払いが遅れたという情報が個人信用情報機関に掲載され，次に新しいクレジットカードが作れなかったり，車など金額の大きい買い物をするときのローンの利用に制限がかかることもあります。また支払いができなくなって借金を繰り返し，多重債務という状況に陥る危険もあります。高校を卒業するとクレジットカードを使う機会が増えると思いますが，無理のない範囲で計画的に利用しましょう。	プリント③配布 必要な場合は別途計算用紙を配布する。
振り返り		★クレジットカードを適切に使えるように，将来使うときは，『"ひけし"』のポイントを思い出してください。	
まとめ		★今日の学びを今後どのように活かしていきたいかを，プリント①に記入してください。	

「お金を大切に」①

_____ 年 _____ 組 _____ 番

氏名 _____

1　クレジットカードの３つの支払方法を知ろう

支払い方法	説　明
①　　　　　　払い	利用した翌月に一括で支払う。手数料がかからないが，高額な買い物をしても翌月に全額支払う必要がある。
②　　　　　　払い	回数を決めて毎月支払う。自分の支払える範囲で回数を決められるが，手数料がかかる。
③　　　　　　払い	利用した金額に関わらず，毎月一定額を支払う。買い物が重なっても毎月の支払い額が一定だが，支払いがいつ終わるかわかりにくく，手数料もかさむ。

2　クレジットカード利用のポイント『クレジットカードは"ひけし"』

「ひ」_____

「け」_____

「し」_____

● 今日の学びを今後どのように活かしていきたいですか（今の気持ち）。

今日の学習について，あてはまるところに○をつけましょう

4：とてもそう思う　3：思う　2：あまり思わない　1：まったく思わない

・クレジットカードの機能や仕組みについて理解できましたか。

[4　　　3　　　2　　　1]

・「クレジットカード利用のポイント」を理解することができましたか。

[4　　　3　　　2　　　1]

・今日の学びをこれから活かしていこうと思いますか。 [4　　　3　　　2　　　1]

「お金を大切に」②

_____ 年 _____ 組 _____ 番

氏名 _____

●以下の事例について考えてみましょう。

　大学生のAさんは，授業に必要なパソコンを買うことにしました。パソコンは高額で一度に支払うことができなかったので，クレジットカードを作ることにしました。Aさんは契約内容を確認することもなく，お店の人から勧められたクレジットカードを作りました。アルバイトの給料からスマートフォンの料金や通学定期代を引くと使えるお金は25,000円なので，月々15,000円で6回払いにしました。翌月，かっこいい洋服と靴を見つけました。予算オーバーでしたが，少し節約すれば払えると思い，洋服は月々1万円，靴は月々2,500円の3回払いにしました。そんな買い物を数か月続けていると…。

【Aさんが購入したもの】

1月	パソコン90,000円　（次の月から6回払い　手数料は1月につき600円）
2月	洋服30,000円　（次の月から3回払い　手数料は1月につき200円） 靴7,500円　（次の月から3回払い　手数料は1月につき100円）
4月	かばん12,000円（次の月から3回払い　手数料は1月につき100円）
5月	ゲームソフト6,000円　（次の月から2,000円の3回払い　手数料は1月につき100円）

【Aさんの毎月の支払い額】

2月	3月	4月	5月	6月	7月	8月
15,600円	28,400円	28,400円	32,500円	21,800円	21,800円	2,100円

(1) 問題だと思うところをポイントに沿って考え，記入しましょう。

【ひ】 必要（ひつよう）かどうかよく考える
【け】 契約（けいやく）内容を確認する
【し】 支払い（しはらい）計画を立てる

(2) 問題の解決策を考えてみましょう。

「お金を大切に」③

_____ 年 _____ 組 _____ 番

氏名 _____

●以下の事例を読んで，Bさんがリボルビング払いで支払う金額を考えてみましょう。

　Bさんは，就職してクレジットカードを作りました。インターネットで手続きができるカードにしました。手続きの途中でたくさんの文章が出てきましたが，めんどうくさいので会員規約を読まずに同意ボタンをクリックしました。後日，初めてクレジットカードを使って以下のものを買いました。Bさんの予定では5回払いのつもりでしたが，5回支払ったのに，6回目が支払い口座から引き落とされていました。実は，Bさんのカードは利用限度額（50,000円）を超えると自動的にリボルビング払いに切り替わるカードだったのですが，Bさんはそのことを確認していませんでした。

●Bさんが購入したもの：ゲーム機　25,000円，ゲームソフト3つ　20,000円，
　　　　　　周辺機器（色違いのコンロトーラー）　10,000円
●支払い残高：55,000円
●月々の支払い額：10,000円
●クレジット会社が定める手数料率：年利15.0%（月利：年利÷12＝1.25%）

【月々の支払い額】

(1)1回目の支払い額（手数料＋月々の支払い額）

現在の支払い残高	55,000円－前月の支払い額　0円	① (　　　　　) 円
手数料	①現在の支払い残高×1.25%（月利）	② (　　　　　) 円
月々の支払い額（上限10,000円）		③ (　　　　　) 円
合　計	（②　＋　③）	ア (　　　　　) 円

(2)2回目の支払い額（手数料＋月々の支払い額）

現在の支払い残高	（①　－　③）	④ (　　　　　) 円
手数料	④現在の支払い残高×1.25%（月利）	⑤ (　　　　　) 円
月々の支払い額（上限10,000円）		⑥ (　　　　　) 円
合　計	（⑤　＋　⑥）	イ (　　　　　) 円

「お金を大切に」③（続き）

(3) 3回目の支払い額（手数料＋月々の支払い額）

現在の支払い残高	（④ － ⑥）	⑦ （　　　　　）	円
手数料　　　　⑦現在の支払い残高×1.25%（月利）		⑧ （　　　　　）	円
月々の支払い額（上限10,000円）		⑨ （　　　　　）	円
合　計	（⑧ ＋ ⑨）	ウ （　　　　）	円

(4) 4回目の支払い額（手数料＋月々の支払い額）

現在の支払い残高	（⑦ － ⑨）	⑩ （　　　　　）	円
手数料　　　　⑩現在の支払い残高×1.25%（月利）		⑪ （　　　　　）	円
月々の支払い額（上限10,000円）		⑫ （　　　　　）	円
合　計	（⑪ ＋ ⑫）	エ （　　　　）	円

(5) 5回目の支払い額（手数料＋月々の支払い額）

現在の支払い残高	（⑩ － ⑫）	⑬ （　　　　　）	円
手数料　　　　⑬現在の支払い残高×1.25%（月利）		⑭ （　　　　　）	円
月々の支払い額（上限10,000円）		⑮ （　　　　　）	円
合　計	（⑭ ＋ ⑮）	オ （　　　　）	円

(6) 6回目の支払い額（手数料＋月々の支払い額）

現在の支払い残高	（⑬ － ⑮）	⑯ （　　　　　）	円
手数料　　　　⑯現在の支払い残高×1.25%（月利）		⑰ （　　　　　）	円
月々の支払い額（上限10,000円）		⑱ （　　　　　）	円
合　計	（⑰ ＋ ⑱）	カ （　　　　）	円

【支払い総額】

ア ＋ イ ＋ ウ ＋ エ ＋ オ ＋ カ ＝ | キ　　　　　　　　　 | 円

●教師用資料「お金を大切に」
◆ポスターのイメージ

◆プリント①の解答
1　①一括　②分割　③リボルビング（リボ）

◆プリント③の解答
①55,000　②687　③10,000　④45,000　⑤562　⑥10,000　⑦35,000
⑧437　⑨10,000　⑩25,000　⑪312　⑫10,000　⑬15,000　⑭187
⑮10,000　⑯5,000　⑰62　⑱5,000

ア 10,687　イ 10,562　ウ 10,437　エ 10,312　オ 10,187　カ 5,062　キ 57,247

◆クレジットの支払いをしない（遅れる）とどうなるか

1　遅延損害金：支払いが遅れた場合は，通常の支払いに加えて遅延損害金を払わな
　　ければならない。

2　期限の利益の喪失：商品を購入するとき，仮に6回払いを選択すれば，6か月と
　　いう期間にわたって，6回に分けて代金を支払えばいいという利益を得ることが
　　できる。これを「期限の利益」という。支払いの遅滞の程度が著しくなると，消
　　費者はこの利益を失う。つまり，残金を一括して支払わなければならなくなる。

3　商品の引きあげ・強制執行：クレジットの支払いを遅滞して，期限の利益を喪失
　　した場合，クレジット会社は所有権に基づいて，その商品を引きあげることがで
　　きる。また，クレジット会社は，債権者としての自分の立場を裁判所に訴えて，
　　債務者である消費者の財産を差し押さえして競売し，その配当を支払いに充当す
　　る手続を取る場合もあり，これを「強制執行」という。この場合，差し押さえら
　　れる財産は，当該の商品だけでなく，法律の制限の範囲で幅広いものになる。

4　個人信用情報機関への情報登録：支払いを遅滞した事実は，利用しているクレジ
　　ット会社から，個人信用情報機関に登録される。個人信用情報機関に登録された
　　情報は，他のクレジット会社の審査の参考にされる。遅滞の事実が登録されてい
　　ても，クレジットが利用できないというわけではないが，利用したいときにクレ
　　ジットが利用できないということも考えられる。

（出所）一般社団法人日本クレジットカード協会 HP　https://www.j-credit.or.jp/

●教師用資料「お金を大切に」（続き）

◆多重債務について

　金融庁／消費者庁／厚生労働省（自殺対策推進室）／法務省が作成した「多重債務者対策を巡る現状及び施策の動向」によれば3件以上の（無担保）多重債務者は約115万人，そして5件以上の借入がある多重債務者は約3万人いるとされています。また借金をしたきっかけは，「商品・サービスの購入」が第2位となっています。

無担保無保証借入残高がある人数及び貸金業利用者の1人当たり残高金額の推移

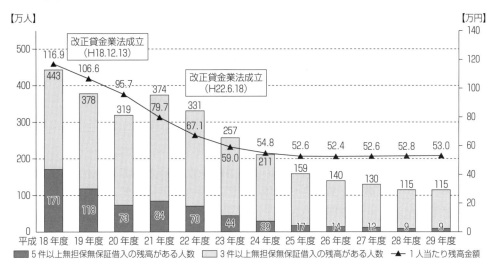

相談者の借金をしたきっかけ（複数回答可）

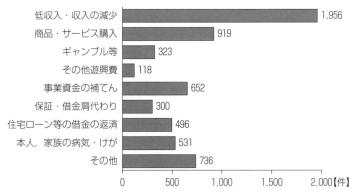

（出所）金融庁／消費者庁／厚生労働省（自殺対策推進室）／法務省（2018）「多重債務者対策を巡る現状及び施策の動向」。

実 践 編

A3 初対面の人へのあいさつ

【ねらいとする能力】
・対人関係　・他者への気づき

意義

高校生になると社会体験が増え，初対面の人とあいさつを交わす機会が多くなる。また進路実現に向けたオープンキャンパスや入試，就職試験などで，初対面の人に対する適切な対応が求められる。さらに高校卒業後に就職を控える生徒にとっては，ビジネスマナーの基本であるあいさつは，身につけておくべきスキルである。このようなことから，あいさつの仕方を学習することは意義がある。

目的

あいさつの大切さに気づき，初対面の人に対して印象のよいあいさつや自己紹介ができるようになる。

○準備
- プリント①②（②は必要に応じて使用）
- ポスター（電子ファイルについては「本書の利用方法」（p.ⅳ）を参照）
- モデリング用台本（教師用資料）

○授業概略
(1) あいさつの大切さに気づき，印象のよいあいさつや自己紹介のポイントを理解する。
(2) 初対面の人に対する適切なあいさつについて，教師のモデリングを見て学ぶ。
(3) ロールプレイを行い，初対面の人に対する適切なあいさつを身につける。

○期待される生徒の変化と反応
- 初対面の人に対して，丁寧なあいさつができる。

「あいさつのポイント」の覚え方 『"おかめ"のあいさつは，"自分から"』
【お】大（おお）きな声ではっきりと　【か】体（からだ）を起こして
【め】（相手の）目（め）を見て　【自分から】自分から

自分の名前を覚えてもらう「自己紹介のポイント」
①こんにちは〔あいさつ〕　②私は（名前）です　③一言アピール　④よろしくお願いします

ユニット指導にあたって

　この授業では，実際の場面を想定したロールプレイに学習の中心を置くようにしたい。また，ロールプレイの場面設定は，学校の実情に合わせて，生徒が実際に接する場面を適宜設定してもらいたい。実施時期については，就職試験の前など生徒の実態に合わせて検討するとよい。
　なお，プリント②は敬語の学習用として準備した。敬語は将来仕事をする上で必ず必要になるにも関わらず，十分に学ぶ機会が少ない。そこで，プリント②を使用することで，生徒に敬語の必要性（相手に対して敬意を払っていることを伝える言葉である）について気づかせるとともに，敬語の基礎知識を理解させたい。なお，プリント②を学習する時間が不足する場合は，別時間を設けて実施すると，初対面の人への接し方に対するスキルの向上につながるであろう。

場　面	教師の指示（★）と生徒の反応・行動（△）	留意点
導　入	★初対面の人には，まず何をしますか？ △あいさつ／自己紹介。	
説　明	★そうですね。あいさつや自己紹介はとても大切です。そこで今日は初対面の人へのあいさつや自己紹介の仕方を学びます。	
活動(1)　あいさつの大切さに気づき，あいさつや自己紹介のポイントを理解する。	★よく「初対面でのあいさつは大切だ」と言いますが，それはなぜだと思いますか？ △その人の印象を決めるから／悪い印象を持たれないため。 ★そうですね。初対面でのあいさつは第一印象を決める重要な要素です。またあいさつはコミュニケーションの始まりです。印象のよいあいさつをするために大切なことは，どのようなことだと思いますか？ △大きな声／目を見る／笑顔／相手のほうを向く。 ★では「あいさつのポイント」をまとめます。『"おかめ"のあいさつは"自分から"』と覚えます（ポスターを掲示する）。プリント①にも記入しておきましょう。 「あいさつのポイント」の覚え方『"おかめ"のあいさつは，"自分から"』 【お】大（おお）きな声ではっきりと　【か】体（からだ）を起こして 【め】〔相手の〕目（め）を見て　【自分から】自分から ★あいさつと一緒に自己紹介をすることもありますね。特に初対面の人には自己紹介をします。なぜ自己紹介をする必要があるのですか？　またどんなことに気をつけたらよいですか？ △自分の名前を覚えてもらうため／印象をよくするように気をつける。 ★自分の名前を覚えてもらう「自己紹介のポイント」をまとめます（板書する）。 「自己紹介のポイント」 ①こんにちは（あいさつ），②私は（名前）です，③（一言アピール） ④よろしくお願いします ★名前だけではなく，自分を知ってもらえる一言を加えると，とてもいい自己紹介になります。例えば，自分の特徴や入部している部活動のことなどがありますね。ではどのようなあいさつや自己紹介がよいか，今から実際やってみますので，それを見て考えてみましょう。	就職試験や入試を控えている時期に実施する場合は，そのことに言及する。 ポスター提示 プリント①配布
活動(2)　あいさつと自己紹介について教師のモデリングを見る。	★それでは，2つの例を行います。場面は，応募前職場訪問※に行った生徒が，会社の担当者の方と会ったところです。ではまず1つ目の例をやってみます（悪い例を行う）。今の例を見て，気づいたところを隣の人と話し合ってみてください。発表をお願いします。 △声が小さい／姿勢が悪い／相手を見ていない／自分から言っていない／表情がない。 ★そうですね。今の例のあいさつや自己紹介は，相手に与える印象はよくないですね。 ★では2つ目の例をやってみます（よい例を行う）。こちらも気づいたところを隣の人と話し合ってみましょう。発表をお願いします。 △大きな声だった／姿勢がよかった／相手の目を見ていた／自分から言っていた／笑顔だった。 ★そうですね。2つの例を比べるとよくわかると思いますが，よい例は，さきほど学んだあいさつのポイント『"おかめ"のあいさつは"自分から"』を使った印象のよいあいさつや自己紹介でしたね。 ★それでは次に，よいあいさつと自己紹介の方法を身につけるために，ロールプレイをやってみましょう。	モデリング用台本
活動(3)　あいさつと自己紹介の練習をする。	★では，シナリオを使って，あいさつ，自己紹介について練習してみましょう。3人1組になって，役割を決めてください。後で役割は交代します。 △〔3人1組になって役割を決める〕 ★では役割に沿ってロールプレイを行いましょう。観察者の人は，ロールプレイの様子を生徒の役割の人のチェックリストに記入してください。 △〔ロールプレイを行う。役割を交代し，3分程度で3回行う。〕 ★前でやってくれるグループはいますか？ △〔前に出てロールプレイをやってもらう。工夫していた点があった生徒にやってもらうとよい〕 ★○○な点がとてもいいですね。よい印象を持ってもらうために大切なことですね。よいあいさつは，急にできるものではありません。日頃から，先生や他の大人と話すときに『"おかめ"のあいさつは，"自分から"』を意識して，あいさつの仕方を身につけていきましょう。	
振り返り	★今日は，初対面の人に対するあいさつや自己紹介の仕方を学びました。ポイントを使って気持ちのよいあいさつができるようになりましょう。	
まとめ	★今日の学びを今後どのように活かしていきたいかを，プリント①に記入してください。	

※高校3年生が応募書類を発送する前に受験先決定の参考とするため，実際に職場を見学すること。

「初対面の人へのあいさつ」①

_____ 年 _____ 組 _____ 番

氏名 _____

1 あいさつのポイント 『"おかめ"のあいさつは，"自分から"』

「お」_____

「か」_____

「め」_____

のあいさつは"自分から"

2 ロールプレイをしてみよう。

【場面】 オープンキャンパスでの説明ブース 　【役割】 担当者，生徒，観察者

【シナリオ】

生　徒：〔説明ブースに入る〕こんにちは。〔【お】大きな声ではっきりと【自分から】〕
担当者：こんにちは。お座りください。
生　徒：△△高等学校から参りました○○（自分の名前）と申します。本日はよろしくお願いします。〔【か】体を起こして【め】相手の目を見て〕
担当者：よろしくお願いします。何か質問はありますか？
生　徒：学費についてお聞きします。1年間でどのくらいかかりますか。
担当者：1年目は約□□円ですね。

●チェックリスト　〔　　　　　　　　　がつけました〕

◎大変よい　　　○よい　　　△がんばろう

大きな声ではっきりと言えている		相手の目を見ている	
体を起こしたよい姿勢である		自分からあいさつをしている	

●今日の学びを今後どのように活かしていきたいですか（今の気持ち）。

今日の学習について，あてはまるところに○をつけましょう

4：とてもそう思う　3：思う　2：あまり思わない　1：まったく思わない

• 「あいさつのポイント」を理解できましたか。　　　　[4　　3　　2　　1]

• 「あいさつのポイント」を使ってあいさつができましたか。

　　　　　　　　　　　　　　　　　　　　　　　　　　[4　　3　　2　　1]

• 今日の学びをこれから活かしていこうと思いますか　[4　　3　　2　　1]

「初対面の人へのあいさつ」②

_____ 年 _____ 組 _____ 番

氏名 _____

1　敬語の種類

尊敬語	相手の動作などに対して使う。相手を高めることで敬意を表す。基本形は「お＋○○になる」で，「お会いになる」のように使われる。また「言う」が「おっしゃる」となるように，言葉自体を変えて使うものもある。
謙譲語	自分や身内の動作などに対して使う。自分がへりくだることで相手を高め，敬意を表す。基本形は「お＋○○する」で，「お持ちする」のように使われる。また「見る」が「拝見する」となるように，言葉自体を変えて使うものもある。
丁寧語	「です」「ます」をつけ，相手に敬意を表して丁寧に言うときに使う。

2　言葉が変わる敬語の例

	尊　敬　語	謙　譲　語	丁　寧　語
言う	おっしゃる	申し上げる	言います
聞く	お聞きになる	伺う，拝聴する	聞きます
見る	ご覧になる	拝見する	見ます
行く	いらっしゃる	伺う，参る	行きます
会う	お会いになる	お目にかかる	会います

3　次の文章の下線部の言葉を「お（ご）_____になる」という言い方に書き直しましょう。

(1) 面接官が本日の日程を<u>説明する</u>。

(2) 面接官が部屋に<u>入る</u>。

4　次の文章の下線部の言葉を「お（ご）_____する」という言い方に書き直しましょう。

(1) 面接官にカードを<u>見せる</u>。

(2) 社長を玄関まで<u>見送る</u>。

5　次の文章を正しい形に書き直しましょう。

(1) 先生，この資料は拝見されましたか？

(2) 今日私は初めてお会いになると思います。

●ポスターのイメージ

あいさつの ポイント

お 大きな声ではっきりと

か 体を起こして

め （相手の）目を見て

のあいさつは，自分から！

おはよう！　こんにちは！

さようなら！

"話す姿勢" に気をつけて
自分からすすんで，
あいさつをしよう！

●教師用資料「初対面の人へのあいさつ」

◆モデリングの台本　　A：教師　　B：生徒（または教師）

※モデリングを行う生徒はあらかじめ決めておいてもよい。教師２名で行う方法もある。
　生徒は台本を見ながら行ってもよい。

【良い例】"おかめ"のあいさつは，"自分から"

　A：こんにちは。△△高等学校から参りました○○（自分の名前）と申します。本
　　　日は貴社の仕事内容を見学に参りました。お忙しいところお時間をいただきあ
　　　りがとうございます。

　B：こんにちは，担当の○○です。よろしくお願いします。今から社内を案内しま
　　　すね。

　A：ありがとうございます。よろしくお願いします（礼）。

【悪い例】

　A：…（下を向いて立っている）

　B：…こ，こんにちは。（少しとまどっている様子）

　A：…こんにちは。（下を向いたまま，小さな声で）

　B：…えーと，名前を教えてください。

　A：○○です…。（下を向いたまま，小さな声で）

　B：今から社内を案内しますね。

　A：…（下を向いたまま，うなずく）

◆敬語問題　解答〔プリント②3，4，5〕

3　次の文章の──線の言葉を「お（ご）＿＿＿になる」という言い方に書き直しましょ
　う。

　(1) 面接官が本日の日程を説明する。　　　　| ご説明になる |

　(2) 面接官が部屋に入る。　　　　　　　　　| お入りになる |

4　次の文章の──線の言葉を「お（ご）＿＿＿する」という言い方に書き直しましょう。

　(1) 面接官にカードを見せる。　　　　　　　| お見せする |

　(2) 社長を玄関まで見送る。　　　　　　　　| お見送りする |

5　次の文章を正しい形に書き直しましょう。

　(1) 先生，この資料は拝見されましたか？

　　| 先生，この資料はご覧になりましたか？ |

　(2) 今日私は初めてお会いになると思います。

　　| 今日私は初めてお目にかかると思います。 |

自己・他者への気づき，聞く

　この学習領域のおもなテーマは，傾聴（B1）と自己理解（B2，B3）と他者理解（B4）である。

　まず「上手に聴こう」（B1）で傾聴のスキルを学習する。傾聴のスキルは，相手の話をよく理解できるだけではなく，相手に喜びや満足，安心，自尊心の向上といった心理的報酬を与えるといった点で，対人関係に重要なスキルである。

　自己理解については，まず「自分の長所・短所」（B2）で自己の特性に関する客観的な評価ツールであるエゴグラムを実施し，自己への気づきを深め長所と短所を考える。短所の克服法を考えるときは他者からアドバイスをもらうことで，自分では気づかなかった方略を得る機会となる。次に，「自分の考え方の特徴を知ろう」（B3）で自分の認知のクセを知る学習を行う。自分の認知のクセに気づき適応的な認知に修正するスキルを身につけることは，今後の生活の中でよりよい人間関係の構築や，精神的安定のために意義がある。

　他者理解では，「別の面に気づこう」（B4）で，身近な人の特徴を考えることによって，人には複数の面があることに気づき，他者を多面的に理解しようとする態度を身につけることがねらいである。このことは，学校生活を終えて社会に出ていく上で，できるだけ多くの人と適切な関係を築いていくために重要である。

B1 上手に聴こう

【ねらいとする能力】
• 他者への気づき   • 自己のコントロール
• 対人関係

意義

相手の発言に含まれる情報をただ耳に入れる「聞く」と違い,「聴く」とは相手に関心をもち,注意深く耳を傾けることを指す。人とコミュニケーションをとるときは,「聴く」ことが重要であり,人の話を上手に「聴く」ことができれば,お互いに気持ちのよいやりとりができる。そのため,人の話を「聴く」スキルを学習することは,円滑で心地よいコミュニケーションの実現のために意義がある。

目的

人の話に注意深く耳を傾ける大切さに気づき,「聴く」スキルの練習を通して,「正しい聴き方のポイント」をおさえた聴き方ができるようになる。

○準備
• プリント
• ポスター（電子ファイルについては「本書の利用方法」(p. iv) を参照）
• モデリング用台本（教師用資料）
• ストップウォッチなどの計時用の道具

○授業概略
(1)「聞く」と「聴く」の違いを知り,「正しい聴き方のポイント」を確認する。
(2) 拒否的な聞き方と受容的な聞き方のモデリングを見て,「正しい聴き方のポイント」を理解する。
(3) 実際にロールプレイをして「正しい聴き方のポイント」を練習する。

○期待される生徒の変化と反応
• 落ち着いて人の話を聴けるようになる。
• 相手の感情に配慮し,円滑なコミュニケーションが取れるようになる。

「正しい聴き方のポイント」の覚え方 『"アカメ"の"ウサ"ちゃん』
【あ】あいづちを打つ   【か】体（からだ）を向ける   【め】目（め）を見る
【う】うなずく   【さ】最後（さいご）まで話を聴く

ユニット指導にあたって

社会人にとって重要なコミュニケーションスキルの1つに「相手の話を聴くこと」がある。この授業では,実際にロールプレイを行うことで,正しい聴き方の習得を目指す。また正しい聴き方をすることは,相手に喜びや満足,安心,自尊心の向上といった心理的報酬を与えることにも気づかせたい。なお,聴き方のモデリングを行う際は,あらかじめ実施する生徒を決めておいてもよい。さらに,学習したポイントは学校生活全般で応用できるため,正しい聴き方をしている生徒をほめるなど,日常的に「聴く」姿勢を意識させて,スキルの定着を図ることが重要である。

場　面		教師の指示（★）と生徒の反応・行動（△）	留意点
導　入		★人の話をきくのが得意だと思う人（苦手だと思う人）は，手を挙げてください。 △〔それぞれの質問に挙手〕	
説　明		★きくことは簡単だと思っている人もいるかもしれませんが，今日は人の話をきくことに注目し，上手なきき方を学習しましょう。	
活動(1)	「聞く」と「聴く」の違いを知り，「正しい聴き方のポイント」を確認する。	★ところで「きく」には「聞く」と「聴く」の漢字がありますね。この2つの「きく」の使い方の違いはどんなところにあると思いますか？ △「聞く」はただきく／相談は「聴く」／講演は聴く。 ★大辞林という国語辞書によると，「聞く」は「音・声を耳で感じ取ること。耳に感じて知ること」，「聴く」は「心を落ち着け，注意して耳に入れること。傾聴」とあります。人の話をきくときはどちらの「きく」が望ましいか考えながら，今日の学習をしましょう。 ★それでは，話を聴くときのポイントを説明します。覚え方は，『"アカメ"の"ウサ"ちゃん』です（ポスターを提示する）。プリントにも記入しておきましょう。 「正しい聴き方のポイント」の覚え方 『"アカメ"の"ウサ"ちゃん』 【あ】あいづちを打つ　【か】体（からだ）を向ける　【め】目（め）を見る 【う】うなずく　【さ】最後（さいご）まで話を聴く ★どんなふうにあいづちを打つといいですか？ △うんうん／そうだね／なるほど／すごいね。 ★そうですね。また人の目を見るのが苦手な人は，目と目の間，鼻の上あたりを見るように心がけるといいでしょう。 ★他にも相手の話した内容を繰り返したり，まとめて確認したりする方法もあります。次は実際にどのように聴くのがよいか，みなさんの前でやってみたいと思います。	ポスター提示 プリント配布
活動(2)	モデリングを見て，「正しい聴き方」を理解する。	★では，2つの例を見てもらいます。一人手伝ってくれる人はいますか？　まずきき方①です。 ★△〔△は台本を見ながらモデリングを行う。1回目は非受容的〕 ★例の中の聞き手の行動と話し手の気持ちを想像しながら，プリントのきき方①のところを記入しましょう。 △〔プリントを記入する〕 ★では，きき方②をします。 ★△〔△は台本を見ながらモデリングを行う。2回目は受容的〕 ★1回目と同じように，プリントのきき方②のところを記入しましょう。 △〔プリントを記入する〕 ★ではプリントに記入したことを発表してください。きき方①はどうでしたか？ △下を向いていた，悲しい気持ちだった／興味がなさそう，話したくなくなった。 ★きき方②はどうでしたか？ △うなずいていた，うれしかった／相手の目を見ていた，もっと話したくなった。 ★そうですね。次は今考えたことを踏まえて，実際に聴き方の練習をしてみましょう。	モデリング用台本
活動(3)	「正しい聴き方」を練習する。	★では，ペアになって「正しい聴き方」を練習しましょう。「話し手」「聴き手」に分かれます。話すテーマは「○○」です。「話し手」はテーマの内容を自由に話してください。「聴き手」は『"アカメ"の"ウサ"ちゃん』を意識して聴きましょう。2分経ったら合図をしますので，役割を交代します。では始めてください。※テーマは，学校生活のことや最近楽しかったことなど，生徒が話しやすいものにする。 △〔ロールプレイを行う。役割を交代してもう一度行う。その後プリントを記入する〕 ★では記入したことをペアでお互いに発表してください。 △〔ペアでプリントに記入したことを発表しあう〕 ★何組かに発表してもらいましょう。○○さんと○○さんのペアはどうでしたか？ △うなずいてくれると話しやすかった／話を聴いてくれてうれしかった／うなずくのが難しかった。 ★実際にやってみると，どのように反応すると相手が話しやすくなるかわかったと思います。また話をよく聞いてもらうと，「うれしい」や「心地よい」といった気持ちになりますね。これはよりよい人間関係を築いていくうえで，大切なことですね。	
振り返り		★人の話は「聴く」ことが大切です。そのためには，「正しい聴き方のポイント」である『"アカメ"の"ウサ"ちゃん』を意識して使うようにしましょう。普段の生活の中でも思い出して使うといいですね。	
まとめ		★今日の学びを今後どのように活かしていきたいかを，プリントに記入してください。	

「上手に聴こう」

_____ 年 _____ 組 _____ 番

氏名 _____

1　正しい聴き方のポイント『"アカメ"の"ウサ"ちゃん』

「あ」
_____

「か」
_____

「め」
_____

「う」
_____

「さ」
_____

2　きき方のモデリングを見て，気づいた点や考えたことを記入しましょう。

	きき手のきき方で気づいた点	話し手はどんな気持ちだろう
きき方①		
きき方②		

3　「正しい聴き方」を練習して感じたことを記入しましょう。

聴き手役をしてみて ・どんなことに気をつけたか　・やっていてどうだったか	話し手役をしてみて ・どんな気持ちだったか・どんな聴き方が印象的だったか

●今日の学びを今後どのように活かしていきたいですか（今の気持ち）。

今日の学習について，あてはまるところに○をつけましょう

4：とてもそう思う　3：思う　2：あまり思わない　1：まったく思わない

• 「正しい聴き方のポイント」は理解できましたか。　［　4　　3　　2　　1　］

• 「正しい聴き方のポイント」を使って話を聴くことができましたか。

　　　　　　　　　　　　　　　　　　　　　　　　　　［　4　　3　　2　　1　］

• 今日の学びをこれから活かしていこうと思いますか。［　4　　3　　2　　1　］

●ポスターのイメージ

正しい聞き方の ポイントは、

アカメのウサちゃん

- ㋐ あいづちを打つ
- ㋕ 体を向ける
- ㋱ 目を見る
- の
- ㋒ うなずく
- ㋚ 最後まで 話を聞く
- ちゃん

●教師用資料「上手に聴こう」

◆モデリング用台本　　A：教師　B：生徒（または教師）

※モデリングを行う生徒はあらかじめ決めておいてもよい。教師2名で行う方法もある。
　生徒は台本を見ながら行ってもよい。

〈1回目（非受容的態度）〉

（設定は友だち同士）

A：（スマートフォンを見ている）

B：「ちょっと聞いて。昨日数学のテストが返ってきて，なんと100点だったんだ！」

A：「………。」（ちらっと視線を向け，またスマートフォンを見る）

B：「数学のテストはいい点数取りたかったから，1週間前からすごく勉強がんばったんだ。」

A：「へえー。」（声にならないくらいの小さな声で，生返事をする。相手を見ない）

B：「だからすごくうれしくて親に言ったら，親もすごくほめ……。」

A：「………。」（相手の話の途中で立ち上がり，移動する）

〈2回目（受容的態度）〉

（設定は友だち同士）

B：「ちょっと聞いて。昨日数学のテストが返ってきて，なんと100点だったんだ！」

A：「えー！（あいづちを打つ【あ】）すごいね〜！」（相手の目を見て【め】，うなずいたり【う】，驚いたりして受容的な態度を示す。）

B：「数学のテストはいい点数取りたかったから，1週間前からすごく勉強がんばったんだ。」

A：「よくがんばったね〜。」（相手に体を向け【か】，笑顔で答える）

B：「だからすごくうれしくて親に言ったら，親もすごくほめてくれたんだ。」

A：「それはうれしいよね！よかったね〜！」（最後まで聞く【さ】）

◆「傾聴」とは

「こちらの聞きたいこと」を「聞く」（Hear）のではなく，「相手の言いたいこと，伝えたいこと，願っていること」を受容的・共感的態度で「聴く」（Listen）ことであり，相手が自分の考えを整理し，納得のいく結論や判断に到達するように支援することです。つまり，「聴く」の文字が表しているように，「耳と目と心できく」のが「傾聴」の基本です。

（出所）厚生労働省「こころの耳　働く人のメンタルヘルス・ポータルサイト」より引用。

【傾聴の技法】

繰り返し うなずき	相手の言葉を繰り返したり，適度にうなずきながら話を聴くことで，相手が話しやすくなり，話に集中できるようになる。また，それによって相手は聞き手が傾聴していることを知り，自分が受容されていることが伝わりやすくなる。 例：相談者「もう頭の中がぐちゃぐちゃです」 　　援助者「ぐちゃぐちゃな感じなんですね」
明確化（意味の反射） 言い換え	相手が言語および非言語で表現したことと同じ意味のことを，別の表現で返す。相談者が発した言葉が再構成されて，話し手に伝えられると，自分の言ったことや伝えようとしていることが，より明確に把握でき，理解が深まる。 例：相談者「頭の中がぐちゃぐちゃ。ワケがわからない」 　　援助者「混乱していてどうしたらよいかわからないのですね」
要　約	ある程度の時間をかけて話をしたら，区切りのよいところで，それまでに傾聴してきたことを要約して相手に伝える。それにより相談者は自分が話してきたことを再確認できる。

（出所）小泉令三（編）（2010）『よくわかる生徒指導・キャリア教育』より引用。

◆資料データ

経済産業省は，2006年に職場や地域社会で多様な人々と仕事をしていくために必要な基礎的な力である「社会人基礎力（３つの能力／12の能力要素）」を提唱しました。「相手の意見を丁寧に聴く力：傾聴力」は，能力要素の１つとして位置づけられています。

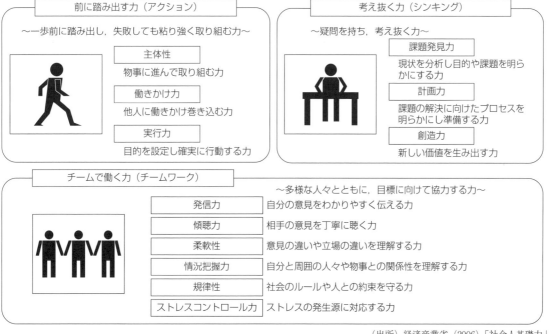

（出所）経済産業省（2006）「社会人基礎力」。

B2 自分の長所・短所

【ねらいとする能力】
• 自己への気づき　• 対人関係

意義

自分の長所や短所は意外と気づいていないことがあり，改めて考えることで自己理解が深まる。自分の長所に目を向けることで，自己肯定感を高めることができる。また，自分の長所を知ることは，自分に適した環境で最大限の成果を発揮するために必要である。さらに，自分の短所を克服するためにできることを考え，実行することができれば，自己有能感も高まると考えられる。

目的

自分の長所や短所に気づく。そして，自分の長所に目を向けることで，自己肯定感を高める。さらに，自分の短所の克服に建設的に取り組む方法を知り，実行への意欲を持つ。

○準備
- プリント①②
- エゴグラム解説プリント
- 教師用資料

○授業概略
(1) エゴグラムを実施し，自分への気づきを深める。
(2) 自分の長所と短所を考え，グループで話し合う。
(3) 自分の短所を克服する方法を話し合い，今後の目標を立てる。

○期待される生徒の変化と反応
- 自分の長所を活かすことができるようになる。
- 自分の短所克服のための努力ができるようになる。

ユニット指導にあたって

　今回の学習ではエゴグラムの結果を手がかりに，自分の長所と短所を理解する。自己理解を深めるためには，自分の長所だけではなく，短所にも目を向ける必要があるが，自分の短所を認めることは，自己肯定感を脅かす行為でもある。自分の長所を認め自信を持つことと同様に，短所を無視したり，放置したりするのではなく，短所の克服を成長の糧とすることも大切である。そのため，この授業では自分自身の長所・短所を自覚し，短所克服の方法まで考えることで，短所を否定的に捉えるだけでなく，自分の成長の手がかりとすることができるようにする。

　また，自己理解を深めるためには，自分自身を振り返ったり身近な人から意見を聞いたりするだけではなく，心理検査を利用することも有用である。エゴグラムはそのためのツールの1つであるが，その他にもさまざまな検査（例：職業レディネス・テスト（VRT））があるので，目的に沿ったツールを使うとよい。

　なお，各自の短所について話し合う活動では，グループ構成やクラス内での受容性の有無などに十分な留意が必要である。

　また，仕事に対する基本的な考え方や希望といったキャリア志向性についての学習として，「G1 自分らしさをいかそう」「G2 何のために働くのか？」と関連づけることができる。

場　面		教師の指示（★）と生徒の反応・行動（△）	留意点
導　入		★みなさんは自分がどんな性格かよく知っていますか？ △知らない／まあまあわかる。	
説　明		★今日は自分への気づきを深め，自分の長所と短所について考えます。	
活動 (1)	エゴグラム を実施する。	★上級学校の入試や就職試験では，よく長所と短所を聞かれることがありますが，なぜそのような質問をすると思いますか？ △自分のことをわかっているかをみるため／会社や職種に合う人かどうかを確かめるため。 ★自分のことをよくわかっていることや，短所を克服しようとする前向きな姿勢があることは，社会人にとって大切なことなので，それを知るために長所と短所を聞くことが多いようです。 ★では自分の長所・短所を知るために「エゴグラム」をやってみます。「エゴグラム」とは，みなさんの性格について，心理テストを使って5つの側面から診断し，グラフに示したものです。プリント①の質問に○か×で答えてください。できるだけ○か×で答えるようにしてください。それぞれの項目の合計得点も記入してください。 △〔エゴグラムを記入する〕 ★結果を元にグラフを作ってください。 △〔教師の指示に従って，グラフを作成する〕 ★ではグラフについて説明していきます（エゴグラム解説プリントで結果を説明する）。説明を聞いてどうでしたか？ △当たっている／あまり当たっていない気がする。 ★エゴグラムは自分の性格を知るヒントになりますが，その日の気分によって結果が変わることもあります。また，エゴグラムは性格のよい・悪いを判断するものではありません。エゴグラムを読み取ることによって，自分のどこをどのように変えていきたいか，そのためにはどうすればよいのかをつかむことができます。次は，エゴグラムの結果から自分の長所や短所を考えていきましょう。	プリント① 配布 教師用資料 エゴグラム 解説プリント配布
活動 (2)	自分の長所 に気づく。	★では，エゴグラムの結果を参考にしながら自分の長所を考えていきましょう。まず自分が長所だと思う点を，エゴグラム解説プリントを参考にしてプリント②に記入しましょう。同時にグループのメンバーの長所も考えておいてください。 △〔自分の長所をプリント②に記入する〕 ★では，グループ内で発表します。まず1番目の人が自分の長所を発表します。次にメンバーの全員が，その人の長所を言います。言ってもらった長所は，プリント②に記録しておきます。1番目の人が終わったら，次の人も同じように行い，全員が発表します。では始めましょう。 △〔グループ内で順番に，全員が発表する〕	プリント② 配布
活動 (3)	自分の短所 に気づき， その克服法 を考える。	★次にあなたの短所と，その克服法を考えていきましょう。まず自分が短所だと思う点を，エゴグラム解説プリントを参考にプリント②に記入しましょう。 △〔自分の短所をプリント②に記入する〕 ★次にグループみんなで短所の克服法を考えていきます。まず1番目の人が自分の短所を発表します。短所はみんなに話してもいいものを選んでください。そのあとグループで，その人の短所の克服法やアドバイスを話し合います。アドバイスをするときは，相手を非難するのではなく，相手のためになるように心がけましょう。言ってもらったアドバイスは，プリント②に記録しておきます。そのあと同じように全員が短所を発表し，話し合い，アドバイスします。 △〔グループ内で順番に，全員が発表する〕 ★自分のことを話したり，友だちのことを話したりして，どんなことを思いましたか？ △真剣に考えてくれたのでうれしかった／アドバイスをもらって，今まで思いつかなかった克服法を知ることができた／自分では短所だと思っていたことが，人から見たら長所だと思われているとわかって意外だった。 ★自分では短所と思っていることが，人から見るとうらやましいと思われることもあります。このように長所と短所は裏表の関係にあります。例えば，「引っ込みじあん」という人には，どんな良いところがありますか？ △相手の気持ちを尊重できる／深く考えてから行動できる。 ★このように，短所は長所になりえます。もちろん自分の短所を克服することもできます。最後に今までの学習を踏まえて，自分の短所の克服法を考えて，これからの目標を記入しましょう。 △〔目標を記入する〕 ★何人かに発表してもらいましょう。発表してくれる人はいますか？ △時間にルーズで遅刻が多いので，5分前行動をする／思ったことをすぐ口にするので，よく考えて発言する。 ★自分の短所を克服できたら，自分に自信が持てるようになって，もっと自分のことを好きになれますね。	
振り返り		★今日はエゴグラムを使って，自分の長所や短所について学習しました。自分の新しいよい面を知ったり，短所を克服しようと思ったりしたかもしれません。社会に出ると，自分の長所を発揮して働くことが仕事のやりがいにつながります。また，誰にでもある短所をフォローし合うことも大切ですね。高校時代に短所を克服できるように，少しずつトライしていきましょう。	
ま と め		★今日の学びを今後どのように活かしていきたいかを，プリント②に書いてください。	

「自分の長所・短所」①

_____ 年 _____ 組 _____ 番

氏名 _____

●エゴグラム

①以下の質問を読んで，「はい」は「○」，「いいえ」は「×」，「どちらでもない」は「△」で答えてください。あまり深く考えずに，感じたままを答えてください。できるだけ「○」か「×」で答えてください。

○△×

CP			
	1	間違ったことに対して，間違いだと言います。	
	2	時間を守らないことは嫌いです。	
	3	規則やルールを守ります。	
	4	人や自分をよく責めます。	
	5	"～すべきである"，"～ねばならない"と思います。	
	6	決めたことは最後まで守らないと気がすみません。	
	7	借りたお金を期限までに返さないと気になります。	
	8	約束を破ることはありません。	
	9	不正なことはがまんできません。	
	10	無責任な人を見ると許せません。	
		CPの合計（○2点，△1点，×0点）	

○△×

NP			
	1	思いやりがあります。	
	2	人をほめるのが上手です。	
	3	人の話をよく聞いてあげます。	
	4	人の気持ちを考えます。	
	5	人に何かしてあげるのが好きです。	
	6	人の失敗を責めたりしません。	
	7	世話好きです。	
	8	自分から温かくあいさつをします。	
	9	困っている人を見ると何とかしてあげます。	
	10	子どもや後輩をかわいがります。	
		NPの合計（○2点，△1点，×0点）	

○△×

A			
	1	損得を考えてから行動します。	
	2	物事を分析して，事実にもとづいて考えます。	
	3	なぜそうなのか理由を考えます。	
	4	人の行動を冷静に観察します。	
	5	社会の出来事に関心があります。	
	6	結末を予測して，準備します。	
	7	物事を冷静に判断します。	
	8	わからないことはわかるまで追求します。	
	9	予定を立ててから行動します。	
	10	他の人ならどうするだろうと考えます。	
		Aの合計（○2点，△1点，×0点）	

○△×

FC	1	してみたいことがいっぱいあります。	
	2	気分転換が上手です。	
	3	よく笑います。	
	4	好奇心が強いほうです。	
	5	物事を明るく考えます。	
	6	じょうだんやしゃれをよく言います。	
	7	新しいことが好きです。	
	8	将来のことや楽しいことを考えることが好きです。	
	9	趣味が多くあります。	
	10	"すごい", "へえ〜", "わあ" などの感嘆詞をよく使います。	
		FCの合計（○2点，△1点，×0点）	

○△×

AC	1	人の気持ちが気になって，合わせてしまいます。	
	2	人前に出るより，後ろに引いてしまいます。	
	3	よく後悔します。	
	4	相手の顔色をうかがいます。	
	5	嫌なことがあっても口に出さず，抑えてしまいます。	
	6	人によく思われようと振る舞います。	
	7	協調性があります。	
	8	遠慮がちです。	
	9	周囲の人の意見にふりまわされます。	
	10	自分が悪くなくても，すぐにあやまります。	
		ACの合計（○2点，△1点，×0点）	

②それぞれの点数の数値に印（・）をつけ，直線でつなぎましょう。

（出所）桂 戴作他（監修）（1999）『自己成長エゴグラムのすべて』チーム医療，を一部修正して作成。

「自分の長所・短所」②

＿＿＿＿ 年 ＿＿＿＿ 組 ＿＿＿＿ 番

氏名 ＿＿＿＿＿＿＿＿＿＿＿＿＿＿＿＿＿＿

1 長所と短所を考えよう。

自分が長所と思う点	自分が短所と思う点
友だちから見た自分の長所	

2 自分の短所の克服方法について，友だちからアドバイスをもらおう。

3 これからの目標（短所の克服方法）

●今日の学びを今後どのように活かしていきたいですか（今の気持ち）。

今日の学習について，あてはまるところに○をつけましょう

| 4：とてもそう思う　3：思う　2：あまり思わない　1：まったく思わない |

- 自分の長所と短所に気づくことができましたか　　　［ 4　　3　　2　　1 ］
- 自分の短所の克服方法を考えることができましたか　［ 4　　3　　2　　1 ］
- 授業には積極的に参加できましたか　　　　　　　　［ 4　　3　　2　　1 ］
- 今日の学びをこれから活かしていこうと思いますか　［ 4　　3　　2　　1 ］

◆エゴグラム解説

特徴		この部分が高い人		この部分が低い人	
		〈プラス面〉	〈マイナス面〉	〈プラス面〉	〈マイナス面〉
CP	厳しい親	・責任感が強い ・ルールを守る ・努力家	・批判的 ・自分の価値観が絶対	・大らかな ・柔軟性がある ・融通がきく	・ルーズである ・けじめがない ・流されやすい
NP	やさしい親	・やさしい ・世話好き ・思いやりがある	・過保護 ・相手を甘やかす	・さっぱりした ・個人を尊重する	・冷たい印象 ・気配りが足りない
A	合理的な大人	・冷静 ・客観的に判断 ・理性的に行動	・冷たい印象 ・損得で行動する	・人間味がある ・お人よし	・思い込みが強い ・計画性がない ・判断力が弱い
FC	自由な子ども	・明るく元気 ・好奇心が強い ・甘え上手	・自己中心的 ・好き嫌いが強い	・物静かな ・おとなしい ・控えめな	・感情が出せない ・自分に自信が持てない
AC	人に合わせる子ども	・協調性がある ・慎重である ・まじめ	・依存心が強い ・自信が持てない	・自主性がある ・マイペース	・協調性がない ・自己中心的

〈代表的な5つのパターン〉

への字型	NPを頂点とするへの字型は，他者と親密な関係を持つことができ，ストレスを抱え込むことが少なく，対人関係においてトラブルが少ない人と言われています。
N字型	NPを頂点，FCを底とするN字型は，NPが高く他者への思いやりや温かさがあります。人に対して尽くすタイプですが，周りに対して嫌と言えずに，ストレスを抱え込んでいることもあるでしょう。
逆N字型	CP，FCが高く，NP，ACが低い逆N字型は，自己主張ができるタイプです。「こうあるべき」という理想を持っています。しかし，相手に否定的な態度をとりがちで，自己中心的になってしまうこともあるようです。
W字型	AやACが高いW字型は，何事にもきっちりと取り組むタイプです。物ごとを計画的かつ合理的にこなしていく力がありますが，その反面，心の中に不満を抱えていることもあるようです。
M字型	FCとNPが高いM字型は，明るく元気で，人当たりがいいので誰からも好かれるような存在です。責任感もあり，周囲とうまくやっていけます。しかしうまくいっているときはいいのですが，何かのトラブルがあると，どうしていいのかわからなくなることがあります。

●教師用資料「自分の長所・短所」

◆エゴグラムとは

　エゴグラムを開発したのは，アメリカのＪ・デュセイという心理学者です。彼は，自我状態の一つひとつが心のエネルギーであると考え，それを数量化することで，心の働きを捉えようと考えました。

　人は誰でも心の中に，親から影響を受けてきた部分である「Ｐ」，大人に成長するにつれて現実適応してきた部分である「Ａ」，子どものままの部分である「Ｃ」といった３つの部分をもち，それによって人格が形成されていると考えます。そして，それぞれを「自我状態」と呼びます。この自我状態は，特に問題がないときは，特定の自我状態が目立つことはありません。しかし，いつもとは違う出来事があったときは，それに対応しようとして，特定の自我が強く表れてきます。そうした反応の表れ方の特徴が，その人特有の考え方や言動の特徴になっていると考えます。

◆自我状態の特性
○親の自我状態「Ｐ」

　「Ｐ」とは「Parent」の略で，子どもの頃に見聞きした親（自分の周囲にいて，自分の成長に関わってきた大人も含む）の言動や態度などが心の中に残ってきた部分です。

　「Ｐ」の部分には，自分や他人への厳しさや理想の高さ，責任感，正義感などを表す「CP（Critical Parent の略：批判的な親）」と，周囲に対する思いやりの気持ちや，養育的，肯定的な態度を表す「NP（Nurturing Parent の略：養育的な親）」の２つの面があります。

○大人の自我状態「Ａ」

　「Ａ」は「Adult」の略で，大人の部分です。人は成長する過程でのさまざまな経験を通して，現実的で，客観的に物事を見る「大人」の目が育ってきます。

　「Ａ」は，感情や思い込みにとらわれず，事実にそって物事を考える部分です。また複数のデータを集めて，それらを総合的に分析，判断して，論理的に物事に対応していく部分でもあります。

○子どもの自我状態「Ｃ」

　「Ｃ」は「Child」の略で，人が本来もっている子どもの部分を表します。

　「Ｃ」には，自然なありのままの感情を表現する態度や，自由な発想で新しいものを創造する力を表す「FC（Free　Child の略：自由な子ども）」と，周囲に合わせた態度や我慢強さを表す「AC（Adapted　Child の略：順応した子ども）」の２つの面があります。

（出所）今西一仁著（2010）『紙上ゼミナールで学ぶやさしい交流分析』ほんの森出版　より。

◆キャリア・アンカー

　「キャリア・アンカー」とは，エドガー・H・シャイン（Edgar H. Schein, Ph. D.）によって提唱された概念です。「アンカー」とは船の錨（いかり）のことで，キャリアのよりどころとなるものという意味です。キャリア・アンカーとは，能力，欲求，価値についてのセルフイメージ（自己像）であり，組織や仕事を変遷しても「自分としては絶対に捨てたくない」コア（核）である，と示されています。キャリアアンカーは，一度形成されるとその人の生涯にわたって職業上の重要な意思決定に際して影響を与え続けると考えられています。シャインは，キャリア・アンカーに関する研究から，ほとんどの人は8種類のカテゴリーのどれかに当てはまると考えました。

キャリア・アンカーの種類	一 般 的 な 特 性
専門・職能別コンピタンス	自分が得意としている専門分野や職能分野の技術が高まることを望む。
全般管理コンピタンス	組織の中で責任ある立場に立ち，リーダーシップを発揮し，所属する組織の成功に貢献することを望む。
自律・独立	自分のやり方，自分のペースを重視して物事を進めることを好み，会社からは独立したキャリアを志向する。
保障・安定	終身雇用や退職時の保障がしっかりしているような組織で働くことを望む。
起業家的創造性	人生の早い時期から新しい事業を起こすことを望む。
奉仕・社会貢献	世の中をもっとよくしたいという思いに基づいてキャリアを選択する。
純粋な挑戦	不可能と思えるような障害を克服することや，解決不能と思われてきた問題を解決するといった，より困難な問題に直面する任務を望む。
生活様式	組織より個人および家族を尊重し，自分の時間の都合に合わせた働き方を望む。

（出所）エドガー・H・シャイン著／金井壽宏訳（2003）『キャリア・アンカー　自分のほんとうの価値を発見しよう』白桃書房。

B3 自分の考え方の特徴を知ろう

【ねらいとする能力】
• 自己への気づき　• 自己のコントロール
• 対人関係

意義

高校生の時期は，人間関係や勉強，進路，家庭のことなどいろいろな課題が増え，悩んだり，気分が落ち込んだりすることも多い。その課題が容易に乗り越えられない場合は，悩みが大きくなり，時には体調にまで悪影響が出る場合がある。そこで，出来事に対する自分の捉え方を認識し，適応的な捉え方に修正するスキルを身につけることで，心身共に健康的な生活を送ることができるようにする。

目的

「不安，怖い，イライラする」といったネガティブな感情が長期間続くと，体調に悪影響を及ぼすことを知る。また，出来事に対する自分の捉え方のクセに気づくことで，適応的な捉え方に修正するスキルを身につける。

○準備
  • プリント①②③
  • 教師用資料

○授業概略
  (1) 考えや感情がネガティブになり過ぎることによる悪影響を知る。
  (2) 出来事に対する自分の「捉え方のクセ」を知る。
  (3) 出来事に対する自分の捉え方を修正する方法を学習する。

○期待される生徒の変化と反応
  • ネガティブな感情が長期間続くことによる悪影響を理解する。
  • 悪い出来事が起きたときでも，適応的な捉え方ができるようになる。

ユニット指導にあたって

　この授業では，悪い出来事が起きたときでも，適応的な捉え方ができるようになるスキルを身につけることをねらいとする。

　「不安，怖い，イライラする」といったネガティブな感情が長く続くと，そこから抜け出せないこともある。気持ちを切り替えて前進し，自己肯定感を高めていくためにも，このスキルを身につけることが必要である。これは「リフレーミング」といわれるスキルで，ある出来事や物事を，今の見方とは違った見方をすることで，それらの意味を変化させて，気分や感情をよい方向に変えることをいう。

　この授業を通して，ネガティブな感情や考えを持つことは誰にでもあるが，それを隠したり抑え込んだりするのではなく，認めたうえで適応的な捉え方に修正することが大切であるということを生徒に伝えたい。出来事に対する自分の捉え方のクセはすぐに修正できるものではないが，適応的な捉え方を繰り返し考え，自分の感情が変化する経験を積むことで身につけていくことができる。そこで，この授業だけではなく日常の学校生活の中で教師が意識的に声かけすることで，スキルの定着を図ることができる。

場　面		教師の指示（★）と生徒の反応・行動（△）	留意点
導　入		★みなさんは毎日楽しく生活していますか？ △している／まあまあ／していない。	
説　明		★毎日楽しく生活している人も，時にはいろいろな悩みがあって，落ち込むことがあると思います。落ち込んだ時，一晩寝ると元気になるということがあると思いますが，なかなか元気になれずに落ち込み続けたりすることもありますよね。そんなとき，どのように考えたらよいかを学習していきたいと思います。	
活動(1)	ネガティブになりすぎることによる悪影響を知る。	★みなさんは，失敗したりうまくいかないことがあったりして，「不安，怖い，イライラする」といった感情が長く続くことがありますか？ △ある／ない。 ★このような状況が長く続くと，心と体にさまざまな影響が出てきます。今までの経験の中でどんな影響がありましたか？ △やる気が出ない／食欲がない／寝られない。 ★そうですね。また体の症状では，頭痛，全身のだるさ，肩こり，吐き気などが現れることもあります。このような感情が長く続くことは，心や体に悪影響を及ぼします。そこで，悩みやうまくいかないことがあったとき，自分にはその出来事をどのように捉えるクセがあるのかを知りましょう。	
活動(2)	出来事に対する自分の捉え方のクセを知る。	★まずは，自分の捉え方のクセを知りましょう。プリント①を見てください。日常生活でよくある場面が書いてあります。そのような場面で，あなたがどのように考えるかを記入してみましょう。またその時の感情も記入してみましょう。感情を言葉で表すときは，「うれしい」「ラッキー」「ガーン」など，最も適する言葉を自由に書きましょう。 △〔プリント①に記入する〕 ★それでは，グループになって，それぞれ書いたことを発表しあいましょう。 △〔グループになって発表する〕 ★同じ出来事でも，人によって捉え方が違うということがわかりましたね。実は，ある出来事に対する感情は，その出来事をどのように捉えたかによって変わります。その捉え方について説明します〔プリント②について説明する〕。では，プリント②を見ながら，自分の捉え方がどれにあてはまるか考えて，プリント①の捉え方のクセの欄にチェックを入れましょう。 △〔プリント②を見ながら，プリント①に捉え方のクセをチェックする〕 ★それでは，またグループになって，自分にどのような捉え方のクセがあるか発表しあいましょう。 △〔グループで発表する〕 ★自分の捉え方のクセを知ることができましたね。みなさんの中には，いつも適切な捉え方をしている人もいたと思います。そのような捉え方ができている人は，これからもそのままの考え方を続けていってください。次は，自分の捉え方のクセを修正して，適切な捉え方ができる方法を練習しましょう。	プリント①配布 プリント②配布
活動(3)	自分の考え方の特徴を修正する方法を知る。	★では，自分の捉え方のクセを修正する方法を練習してみましょう。プリント③を見てください。さまざまな場面が書いてありますので，それらの出来事に対して前向きな捉え方をしてみましょう。 △〔プリント③に記入する〕 ★それではグループで，自分が書いたことを発表してみましょう。そのあとメンバーの意見をまとめて，グループごとに発表します。では始めてください。 △〔グループで発表しあい，意見をまとめる〕 ★それでは発表しましょう。では１について発表してくれるグループはありますか？ △〔2，3についてもグループごとに発表する〕 ★生活の中で不安やイライラした気持ちを持つことや落ち込むことは当たり前のことで，決して悪いことではありません。けれどもそういった時には，自分の捉え方のクセに苦しめられていないかを見直し，捉え方を修正していくことで気持ちを切り換えることができるでしょう。ただ，これは，「次はがんばろう」という気持ちのことで，「まあいいか」と問題から目を背けることではないことに注意しておきましょう。	プリント③配布
振り返り		★今日は不安やイライラした感情が長く続くことによっておこる影響や，自分の捉え方のクセを知り，適切な捉え方に変えていく方法を練習しました。これからの生活の中で，落ちこむことがあったときには，意識して自分の捉え方を見直すようにしていきましょう。	
まとめ		★今日の学びを今後どのように活かしていきたいかを，プリント③に書いてください。	

「自分の考え方の特徴を知ろう」①

_____ 年 _____ 組 _____ 番

氏名 _____

●あなたはどう考えますか？

(1) 今回の期末試験は自分なりにすごくがんばった。数学は90点は取れたという自信があったけど，結果は50点だった。国語は90点だった。

その時考えたこと	その時の感情	捉え方のクセ	
		□非難	□正義
		□罪悪感・劣等感	
		□心配	□あきらめ
		□無関心	□前向き

(2) 明日は部活動の練習が休みだ。同じ部活動のAさんと，前から一緒に映画を見に行く約束をしていたので，明日一緒に行こうと思ってSNSで誘った。しかしずっと待っているのに，全然返事が返ってこない。

その時考えたこと	その時の感情	捉え方のクセ	
		□非難	□正義
		□罪悪感・劣等感	
		□心配	□あきらめ
		□無関心	□前向き

(3) 朝バス停で同じクラスのBさんに会った。「おはよう」とあいさつしたら，不機嫌そうに「おはよ…」と言われた。

その時考えたこと	その時の感情	捉え方のクセ	
		□非難	□正義
		□罪悪感・劣等感	
		□心配	□あきらめ
		□無関心	□前向き

「自分の考え方の特徴を知ろう」②

_____ 年 _____ 組 _____ 番

氏名 _____

● 捉え方のクセ〜自分にあてはまるものはありますか〜

(1) 非難 ： 誰かのせいにする。
「こうなったのは，あいつのせいだ。」「自分は悪くない。」

(2) 罪悪感・劣等感 ： 自分のせいにする。
「こうなったのは，じぶんのせいだ。」「自分はみんなより劣っている。」

(3) 正義 ： 公平さを気にする。
「そんなことはすべきではない。」「それは正しくない。」

(4) 心配 ： 未来を心配しすぎる。
「きっとわるいことになるに違いない。」「ああなったらどうしよう…。」

(5) あきらめ ： 自分にはコントロールできないと考える。
「自分にできるわけがない。」「それは自分の手に負えない。」

(6) 無関心 ： 問題から目を背ける。
「私の知ったことではない。」「自分には関係ない。」

(7) 前向き ： 困難なことや問題も前向きに考える。
「やればできる。」「自分には乗り越えられる。」

【引用資料】
- 山田洋平（2018）「子どもの「社会性」と「感情」をどう育てるか」『月刊教育相談』2018年5，6月号，ほんの森出版。
- 足立啓美他（2014）『子どもの「逆境に負けない心」を育てる本——楽しいワークで身につく「レジリエンス」』法研。

「自分の考え方の特徴を知ろう」③

_____ 年 _____ 組 _____ 番

氏名 _____

●適切な捉え方に変えてみよう。

(1) 決勝戦で負けて準優勝だった。「負けたのはあいつがミスしたせいだ。」

適切な捉え方

(2) 友だちが朝から不機嫌だ。「私が何かしたに違いない。」

適切な捉え方

(3) 今週，学校に2回も遅刻した。「ぼくは，なんてダメな人間なんだ。」

適切な捉え方

●今日の学びを，今後どのように活かしていきたいですか（今の気持ち）。

今日の学習について，あてはまるところに○をつけましょう

4：とてもそう思う　3：思う　2：あまり思わない　1：まったく思わない

・自分の捉え方のクセを知ることができましたか。　　　[4　　3　　2　　1]
・自分の捉え方を修正する方法が身につきましたか。　　[4　　3　　2　　1]
・今日の学びをこれから活かしていこうと思いますか。　[4　　3　　2　　1]

●教師用資料

◆プリント記入例

〔プリント①〕

生徒の記入例	捉え方のクセ
(1) 先生が難しい問題を出したせいだ。	非難
(2) Aさんがスマホを見てないからだ。	
(3) Bさんの機嫌が悪いせいだ。	
(1) 勝手に90点だと思ったせいだ。どうせ勉強してもだめなんだ。	罪悪感・劣等感
(2) 私が何かしたせいだ。私なんかとは遊びたくないんだ。	
(3) 私が何かしたせいだ。私には機嫌が悪いんだ。	
(1) 〈該当しないことが多い。〉	正義
(2) 返事をしないのはよくない。	
(3) 人に不機嫌なあいさつをするのはよくない。	
(1) 次も50点だったらどうしよう。	心配
(2) ずっと返事が来なかったらどうしよう。	
(3) このままずっと不機嫌だったらどうしよう。	
(1) これ以上いい点は取れない。	あきらめ
(2)(3) 〈該当しないことが多い。〉	
(1)(2)(3) 別にどうでもいいか。	無関心
(1) どこが悪かったのか考えて，次はがんばろう。	前向き
(2) 返事ができない事情があるのだな。もう少し待ってみよう。	
(3) 何かいやなことでもあったのかな。あとで聞いてみよう。	

〔プリント③〕

(1) 決勝戦で負けたのはくやしい。でも準優勝できたのは，みんなで練習をがんばった成果だ。もっと練習して，次は優勝するぞ！
(2) どうしたのかな，何かあったのかな。あとで聞いてみよう。
(3) 遅刻した原因は，スマホを見ていて寝るのが遅くなったからだ。これからは絶対遅刻をしないように，時間を決めて見るようにしよう。

B4 別の面に気づこう

【ねらいとする能力】
• 他者への気づき　• 対人関係
• 自己のコントロール

意義

仕事をしていく上では，関係構築が難しいと感じる人とも一定の関係を保っていく必要がある。そうした苦手意識によって，伝達不足や意見の対立など思わぬトラブルに発展する可能性もある。さまざまな視点で人を理解しようとする態度を養うことは，よりよい人間関係を構築するために重要である。

目的

人にはさまざまな面があることに気づき，いろいろな立場・視点から理解しようとする態度を身につける。また，自分のこれまでの他者理解の課題を改善する意欲を持つ。

○準備
• プリント①②

○授業概略
(1) 物事をいろいろな視点で捉えることを学ぶ。
(2) 身近な人の特徴を考えることで，人には複数の面があることに気づく。
(3) 意識的に複数の面を理解しようとすることの大切さに気づき，自分のこれまでの他者理解の課題を改善する意欲を持つ。

○期待される生徒の変化と反応
• 人をさまざまな視点から捉えることができるようになる。

人を多面的に見るポイント
「他の一面はないかな？」

ユニット指導にあたって

　この授業では，複眼的な視点を身につけることを目的とする。生活の中でつい思い込みによって偏った見方をしてしまうことがある。「ステレオタイプ」や「偏見」といわれるものであるが，例えば血液型による性格診断などは，それにあたるであろう。ステレオタイプや偏見の共通点は，一つの側面で全体を見てしまうところにある。そのため，相手のある面に対して負の感情を持ってしまうと，すべてが嫌になってしまうということが生じる。適切な人間関係を築いていくためには，人を一面的に捉えるのではなく，多面的に捉えることが必要である。そこで，高校生のうちに多面的に人を捉える視点を身につけることや，苦手な人との付き合い方を学んで，社会に出て円滑な人間関係を営むことができるようにする。

　このユニットでは，多面的に捉える最初の段階として，まず2つの異なる面から捉えることができるように学習活動を設定した。

　指導の際は，苦手という感情を否定するのではなく，相手とのコミュニケーションの取り方や考え方を少し変えていくことで，苦手意識が減り相手との関係性が変化することもある，という観点で話をするとよい。また，プリント②を記入する際には，落ち着いた安心できる雰囲気の中で取り組むことができるようにする。例に挙げる人物は匿名でよいことや，他人が書いたプリントを見ないといったことも事前に周知しておく。

場　面		教師の指示（★）と生徒の反応・行動（△）	留意点
	導　入	★最近スマートフォンを使うことによって起こる問題についていろいろな意見が言われていますが，スマートフォンを使うことは悪いことばかりだと思いますか？ △そう思う／そう思わない。	
	説　明	★今日は，人や物事をいろいろな面から見る大切さについて学習したいと思います。	
活動(1)	物事をいろいろな視点で見ることを学ぶ。	★ではプリント①を見てください。まずスマートフォンのよい面についてあなたの考えを書いてみましょう。 △〔プリント①に記入する〕 ★では次に，違った面からスマートフォンについて考えてみましょう。考えるポイントは「他の一面はないかな？」です。スマートフォンには「よい面」しかないと思いますか？ △悪い面もある。 ★そうですね，ではプリントの□に「悪い面」と記入して，スマートフォンの悪い面について考えてみましょう。 ★記入できたらどんな意見が出たか，グループで話し合ってみましょう。自分が考えつかなかった新しい意見は，赤色（違う色）で記入しておきましょう。 △〔グループで意見交換を行う。その後，発表する〕 ★グループの中で出された意見の中に，自分では考えつかなかった意見があった人はいますか？ △〔挙手する〕 ★物事を一つの面からだけではなく，いろいろな面から見ることは，自分の考えを広げてくれます。これは，人間関係を作るときにも大切な視点です。そのポイントを紹介します。 　人を多面的に見るポイント「他の一面はないかな？」	プリント①配布
活動(2)	身近な人の特徴を考えることで，人には複数の面があることに気づく。	★それでは今からあなたの身近な人を例にして，その人のいろいろな特徴を考えてみます。家族や友だちなど誰でもいいですが，よく知っている人のほうが書きやすいでしょう。誰にも見せたりしないので，自分が思うことを正直に書いてください。 ★それでは，プリント②を見てください。まず誰について考えていくか，一番上の□に書いてください。名前ではなく，Aさん，Bさんという書き方でもいいです，次に，自分にとってその人の苦手なところについて書いていきましょう。 △〔プリント②に記入する〕 ★記入できましたか？　では次に違った面から考えてみましょう。考えるポイントは先ほどと同じで「他の一面はないかな？」です。「苦手なところ」以外で，その人のことを考える視点はありますか？ △好きなところ／いいと思うところ／がんばっているところ。 ★そうですね。では，プリントの□に「好きなところ」と記入して考えていきましょう。「好きなところが思いつかない」という人は，その人ががんばっていることや，自分以外の人がどう思っているかを想像して書いてみましょう。それでも思いつかない人は，「苦手なところ」に書いたことを「よいところ」に言い換えてみましょう。例えば，「話が長い」というよくないところは，「おしゃべりが好き」と言い換えることができます。 △〔プリント②に記入する〕 ★「苦手なところ」や「好きなところ」を記入してみて，どうでしたか？　気づいたことや考えたことを2に書いてみましょう。次に「自分のひとの見方」を考えてみましょう。	プリント②配布
活動(3)	自分のこれまでの他者理解の課題を改善する意欲を持つ。	★「他の一面はないかな？」と考えてみることで，どのようなことに気づきましたか？ △よいところもあるとわかった／一面しか見ていなかった／嫌いな気持ちが少しよくなった。 ★人にはいろいろな面があります。一つの面から人を判断するのではなく，「他の一面はないかな？」という視点をいつも持って人を見ることが大切ですね。 ★そうは言っても，どうしても自分にとって苦手な方が多い人がいると思います。そのような人と付き合っていくときには，どんな考え方が必要だと思いますか？　プリント②の3に記入してみてください。 △〔プリント②の3に記入する〕よいところも見つけるようにする／最低限の付き合いをする／普通にふるまう。 ★そうですね。人には，特定のことを意識するとそれに関する情報が目に付きやすくなる，という傾向があります。ですから，苦手な面を意識し過ぎると，そのことばかりが目に付くようになります。そして，他の人に対する接し方とは違った不自然な態度をとっていると，それは相手にも必ず伝わります。社会に出ると，苦手な人とも仕事をしていかなくてはなりません。仕事を辞める原因として最も多いのは，人間関係というデータもあります。人の見方についての自分の特徴を知っておき，さまざまな人と上手に人間関係を作っていくことが必要です。	
	振り返り	★今日は，人をいろいろな面から見る大切さについて学習しました。仕事をする上だけではなく，日常生活の人間関係の中でも思い出してみてください。	
	まとめ	★今日の学びを今後どのように活かしていきたいかを，プリント①に書いてください。	

「別の面に気づこう」①

_____ 年 _____ 組 _____ 番

氏名 _____

●スマートフォンについて考えてみましょう。

よい面	面

「他の一面はないかな？」

●今日の学びを今後どのように活かしていきたいですか（今の気持ち）。

今日の学習について，あてはまるところに○をつけましょう

4：とてもそう思う　3：思う　2：あまり思わない　1：まったく思わない

・ひとのことを「他の一面はないかな？」という見方で考えることができましたか。

[4　　3　　2　　1]

・自分の「ひとの見方」の特徴に気づくことができましたか。

[4　　3　　2　　1]

・今日の学びをこれから活かしていこうと思いますか。 [4　　3　　2　　1]

「別の面に気づこう」②

_____ 年 _____ 組 _____ 番

氏名 _____

1　身近な人について考えてみましょう。

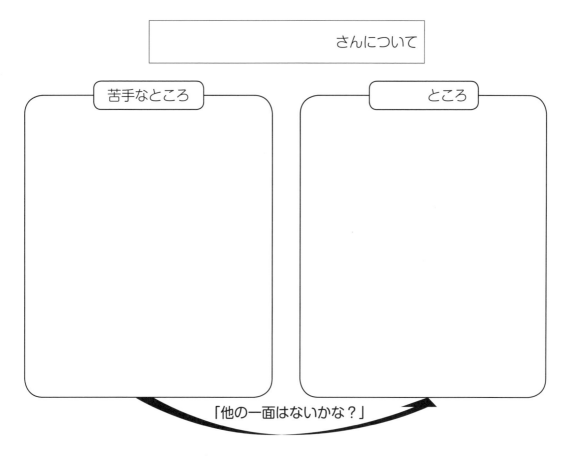

2　1を記入して，気づいたことや考えたことを書きましょう。

3　苦手な人とつきあっていくためには，どんな考え方が必要だと思いますか？

C 伝える

　この学習領域のテーマは，気持ちの伝達（C1），メールや SNS（C2），電話のマナー（C3），質問（C4），そして依頼と断り（C5）である。

　まず「気持ちの伝え方」（C1）では，怒りなどのネガティブな感情が生じたときの対処方法と，その伝達方法を学ぶ。この学習は，怒りの感情を攻撃的に伝えることによって起こるトラブルの防止に役立つと考えられる。

　次に，「顔の見えないコミュニケーション」（C2）では，メールや SNS（ソーシャル・ネットワーキング・サービス）といったインターネットを使ったコミュニケーションの特性や使用上の配慮について学ぶ。高校生のほとんどが SNS を使用しており，それによるトラブルが大きな問題となることがある。SNS の危険性については他の時間で学ぶ機会もあるだろうが，ここでは文字での表現に焦点をあて，SNS に書き込むときの配慮について考える活動を行う。「仕事で使う電話」（C3）は，電話でのコミュニケーション方法を身につける学習をする。「わからないことを聞く」（C4）では，よい質問方法のスキルを学習する。「上手な頼み方と断り方」（C5）では，アサーティブな頼み方と断り方を学ぶ。これらは，働くうえで必須のスキルであり，特に高校卒業後に就職する生徒にとっては，高校生の間にこれらのスキルを身につけておくことは非常に意義がある。また，これらのスキルは，インターンシップを行っている場合はその学習と関連させると効果的である。

　この学習領域のすべてのユニットでは，学習するスキルを「ポイント」で提示している。これらの「ポイント」を学習することで，生徒が一定のレベルでスキルを習得することができるであろう。また授業だけではなく，日常生活の中で使用することでスキルの定着が図られるため，そのための環境や教師の声かけ，称賛が大切である。

C1 気持ちの伝え方

【ねらいとする能力】
・対人関係　・自己のコントロール

意義

「怒り」を感じることは人間にとって自然なことであるが，怒りの感情をそのまま表出すると，否定的な印象を相手に与えてしまうことがある。怒りの感情をコントロールできるようになると，自分の怒りの感情をうまく表現できるようになる。そのため，怒りの感情をコントロールし，冷静に表出する方法を学ぶことは，今後社会に出て人間関係が広がっていく高校生にとって意義がある。

目的

怒りを冷静に伝えるための「こころの信号機」モデルを理解する。また「I（私）メッセージ」で自分の気持ちや思いを伝えることができる。

○準備
  ・プリント①②
  ・ポスター（電子ファイルについては「本書の利用方法」（p. iv）を参照）
  ・プリント②記入例（教師用資料）

○授業概略
  (1) ある場面を設定し，その場面での自分の感情や行動を考える。
  (2) 問題状況でも落ち着いて行動できるように，「こころの信号機」を学ぶ。
  (3) 自分の気持ちや思いを伝えるための「I（私）メッセージ」を練習する。

○期待される生徒の変化と反応
  ・突発的に行動してしまいそうな場面でも，冷静に対処できるようになる。
  ・自分の気持ちや思いを適切に相手に伝えられるようになる。

「こころの信号機」の覚え方『こころの信号機は，"赤・黄・青"』
【赤】まずは一呼吸　【黄】"ひょっとしたら""もしも"の状況分析　【青】適切な行動

ユニット指導にあたって

　この授業は，イライラしたときでも落ち着いて適切な行動がとれるようにする方法と，自分の気持ちや思いの適切な伝え方について学習する。怒りの感情をコントロールできない行動としてあげられる「あおり運転」等は大きな問題となっている（教師用資料参照）。このような事例の紹介は，怒りの感情をコントロールすることの大切さを実感させることに役立つ。
　一方で，「怒り」の感情は自分を守るための感情であるともいえる。「怒り」の感情を否定的にとらえるのではなく，その怒りの感情をどのように表現し，相手に理解してもらうかが大切であることを生徒に伝えてほしい。
　なおこの授業で学習したことを日常生活でも活用できるように，使用した「こころの信号機」ポスターを，授業後に教室等に掲示しておくとよい。そして，そのような指導が必要な場面では，ぜひポスターを活用してもらいたい。「I（私）メッセージ」による自己表現については，教師用資料を参考にしてほしい。

場面		教師の指示（★）と生徒の反応・行動（△）	留意点
導 入		★みなさんは気持ちのままに行動してしまって，後悔したことはありますか？ △ある／ない。（ある場合は詳しく聞く。）	
説 明		★今日は，どんな時でも冷静に考えて自分の意志や感情を伝えるスキルを学習します。	
活動(1)	問題状況を理解する。	★プリント①の(1)～(3)に書かれていることが起きたら，あなたはどんな気持ちになりますか？　また，その時にどんな行動をとったり，どんなことを言ったりするか考えて記入しましょう。 △〔プリントに記入して発表する〕怒る／イライラする／文句を言う／絶交する。 ★こうした場面では，イライラや怒りを感じることは自然なことです。しかし，イライラした気持ちをそのまま相手にぶつけたらどうなると思いますか？ △けんかになる／相手が理由などを話しにくくなる。 ★このようなときは，落ち着いて，どうすればよいか考えて行動することが大切です。この流れを信号機に例えて，「こころの信号機」といいます。そのポイントを紹介します（ポスターを提示する）。 「こころの信号機」の覚え方『こころの信号機は，"赤・黄・青"』 ①赤：まずは一呼吸，②黄："ひょっとしたら""もしも"の状況分析，③青：適切な行動 ★次は，「こころの信号機」について詳しく説明します。	プリント①配布 ポスター提示
活動(2)	「こころの信号機」を理解する。	★怒りや嫌な気持ちを感じることは自然なことですが，感情をそのまま表現すると人を傷つけてしまうかもしれません。そのようなことをなくすためには，どうすればよいでしょうか？ △気持ちを落ち着かせる。 ★そうですね。まずは落ち着くことが大切です。こころの信号機では「赤」です。落ち着く方法の１つが深呼吸です。深呼吸をして気持ちを落ち着かせると，いろいろなことが考えられるようになります。そうして，次の行動はどうするとよいか考えます。この後，どうしたらいいですか？ △相手に理由を聞く／気にしないようにする。 ★落ち着いて考えるとき，大事な考え方があります。それは，「何か仕方のない理由や事情があるのかもしれない」という考え方です。こころの信号機では「黄」です。例えば，(3)のSNSのメッセージに返事がないのは，わざとではなく，ひょっとして相手が寝ていたり，お風呂に入っていたりして，気づいていないだけかもしれません。もしそうだとしたら，どう思いますか？ △仕方がない／気にならない。 ★このように，"ひょっとしたら"や，"もしも"と考えると，次の行動が変わってきます。そして，最後にどう行動するのがよいか考えます。なるべくたくさんの方法を考えて，一番いい行動を見つけて実行します。もう一度「落ち着いて，考えて，行動する」という流れの「こころの信号機」のポイントを確認します（ポスターを再確認）。	
活動(3)	「I（私）メッセージ」を学習する。	★最後に，こころの信号機の「青」である「適切な行動」について考えてみましょう。適切な行動とは，自分の気持ちや思いを相手に理解してもらうための行動です。伝え方には「I（私）メッセージ」と，「You（あなた）メッセージ」）があります。「I（私）メッセージ」は自分の思いや気持ちを伝える言い方になります。一方，「You（あなた）メッセージ」は相手の言動について指摘する言い方になり，相手が責められていると感じることがあります。人に自分の気持ちや思いを伝えるときは，「I（私）メッセージ」を使うと，相手と険悪な関係にならずに気持ちを伝えることができます。みなさんのプリント①の，「相手に言うこと」の欄には「I（私）メッセージ」と「You（あなた）メッセージ」のどちらが書かれていますか？ △You（あなた）メッセージ／I（私）メッセージ ★You（あなた）メッセージを書いている人が多いのではないかと思います。では「I（私）メッセージ」の練習をしてみましょう。プリント②の(1)の場面で「I（私）メッセージ」を書いてみましょう。だれか発表してくれる人はいますか？ △〔プリントに記入して発表〕（私，）この前の500円，参考書を買うのに必要なんだ。 ★今の発表を聞いて，どのような印象を受けましたか？ △きつい表現にならない。／困っている気持ちがわかった。 ★「人に自分の気持ちや思いを伝えるときは，「I（私）メッセージ」を使うように心がけましょう。どうしても「I（私）メッセージ」で伝わらないときに，「You（あなた）メッセージ」を使うようにしましょう。 ★それでは，プリント②の(2)の場面で，隣の人とペアでロールプレイをしてみましょう。まずプリントを記入し，片方の人が(2)の場面について，相手の人に「I（私）メッセージ」で伝えてください。終わったら役割を交代して，同じようにやってみてください。 △〔プリントを記入し，ロールプレイをする〕	プリント②配布
振り返り		★今日は，どんな時でも冷静に自分の気持ちや思いを伝える手順と，その伝え方を学びました。卒業して社会に出ると，人との付き合いの中で怒りを感じたり，トラブルに巻き込まれたりすることも増えます。そんな時のために，今から「こころの信号機」を使えるようにしておきましょう。	
まとめ		★今日の学びを今後どのように活かしていきたいかを，プリント②に記入してください。	

「気持ちの伝え方」①

_____ 年 _____ 組 _____ 番

氏名 _____

●こんな状況ではどのように行動しますか？

(1) 今日の放課後は委員会の仕事があった。しかし同じ委員の友だちは，委員会の前に何も言わないで帰ってしまった。

気持ち
相手に言うこと・すること

(2) あなたは友だちから「財布を忘れたから，お昼ごはんを買うお金を貸してほしい」と言われ，500円を貸した。しかし，友だちはいつまでたってもお金を返してくれない。

気持ち
相手に言うこと・すること

(3) あなた（部活動のキャプテン）は，副キャプテンに明日の部活動の練習内容についてSNSで相談のメッセージを送った。しかし，いつまでたっても返事がない。

気持ち
相手に言うこと・すること

●こころの信号機

イライラする　　落ち着かない　　がまんできない……　そんなときは

「こころの信号機」

【赤】まずは一呼吸

【黄】“ひょっとしたら”“もしも”の状況分析

【青】適切な行動

「気持ちの伝え方」②

_____ 年 _____ 組 _____ 番

氏名 _____

● 「I（私）メッセージ」で気持ちを伝える練習をしてみよう。

(1) あなたは友だちから「財布を忘れたから，お昼ごはんを買うお金を貸してほしい」と言われ，500円を貸した。しかし友だちはいつまでたってもお金を返してくれない。

① よくないと感じる相手の行動
② 相手の行動で自分が感じた気持ち（感情）
③ "ひょっとしたら""もしも"を考える 【信号機"黄"】
④ I（私）メッセージを考える 【信号機"青"】

(2) あなた（部活動のキャプテン）は，副キャプテンに明日の部活動の練習内容についてSNSで相談のメッセージを送った。しかし，いつまでたっても返事がない。

① よくないと感じる相手の行動
② 相手の行動で自分が感じた気持ち（感情）
③ "ひょっとしたら""もしも"を考える 【信号機"黄"】
④ I（私）メッセージを考える 【信号機"青"】

● 今日の学びを今後どのように活かしていきたいですか（今の気持ち）。

今日の学習について，あてはまるところに○をつけましょう

4：とてもそう思う　3：思う　2：あまり思わない　1：まったく思わない

- 「こころの信号機」を理解できましたか 　　　　　[4　　3　　2　　1]
- 「I（私）メッセージ」を使った気持ちの伝え方を理解できましたか

　　　　　　　　　　　　　　　　　　　　　　　[4　　3　　2　　1]
- 今日の学びをこれから活かしていこうと思いますか。[4　　3　　2　　1]

●教師用資料「気持ちの伝え方」

◆ポスターのイメージ（電子ファイルについては「本書の利用方法」（p. ⅳ）を参照）

◆プリント②　記入例

(1)

①　よくないと感じる相手の行動 お金を返してくれないこと
②　相手の行動で感じた気持ち（感情）　参考書が買えないからお金を返してくれないと困るけど，どうして返してくれないのだろう。
③　"ひょっとしたら…""もしも"を考える　【信号機"黄"】　ひょっとしてお金を借りたことを忘れているのかもしれない。
④　Ｉ（私）メッセージを考える　【信号機"青"】　この間の500円，気になっているんだけど。参考書を買うのに必要なんだ。

(2)

①　よくないと感じる相手の行動 大事な用事なのに返事をしてくれないこと
②　相手の行動で感じた気持ち（感情）　大事な用事なのに，早く返事をしてくれないなんて，何を考えているんだ。
③　"ひょっとしたら…""もしも"を考える　【信号機"黄"】　もしかしたら，スマホを見られないことが起きているのかもしれない。
④　Ｉ（私）メッセージを考える　【信号機"青"】　忙しいかもしれないけど，大事な用事なので，なるべく早く返事をくれるとうれしいな。

◆「I（私）メッセージ」で話すと気持ちが伝わりやすい

> 　声をかけるときは「I（私）メッセージ」で話すことを意識するとよいでしょう。「I（私）メッセージ」とは，「あなた」ではなく「私」を主語にして話す方法です。「あなた」を主語した言葉は，たとえば，「あなたは最近，学校を休んでばかりね」「あなた成績が下がったわね。どうしたの？」という具合です。相手を非難しているように響きやすいでしょう。
>
> 　一方，実際に起こっていることに対して，「私」を主語に素直な気持ちを伝えると，相手を責めるのではなく，自分も一緒に考えようとする姿勢が伝わります。たとえば，「最近，学校をよく休むので，（私は）あなたのことがとても心配なの」「成績が下がっているので，（私は）気になっているの」と伝えれば，本人が受ける印象はずいぶん変わるでしょう。

（出所）厚生労働省「こころもメンテしよう〜ご家族・教職員のみなさんへ〜」より。

◆あおり運転罪，適用可能に　警察庁分析，若者で高割合—改正道交法が施行

　警察庁は，2019年までの2年間に暴行罪などや自動車運転処罰法違反の危険運転致死傷罪を適用した悪質なあおり運転計133件について分析。免許保有者10万人当たりでは，10代が加害者（0.57人），被害者（1.13人）ともに最多で，20代がそれぞれ2番目だった。改正法で，あおり運転は車両の通行を妨害する目的で異常に接近したり，急ブレーキや割り込みをしたりする行為と規定された。不必要なハイビームやクラクションの他，高速道路での低速走行，駐停車も対象となる。違反すれば3年以下の懲役または50万円以下の罰金で，高速道路で停車させるなど危険を生じさせた場合は5年以下の懲役または100万円以下の罰金が科される。行政処分は1回の違反で即免許取り消しとなる。

（出所）時事ドッドコムニュース（2020/06/30）（https://www.jiji.com/）。

C2 顔の見えないコミュニケーション

【ねらいとする能力】
・対人関係
・責任ある意思決定

意義

スマートフォンの急速な普及により，高校生のインターネット利用環境やコミュニケーションの方法は大きく変化している。高校生の多くがコミュニケーションのためにインターネットを利用しており，インターネットが日常生活の中で大きな存在になっている。また，仕事におけるコミュニケーションでも，今後はインターネットの利用がさらに進むと予想される。そこで，インターネットによるコミュニケーションの中でも文字のみを使ったものの特徴について知り，安全に使用するための方法を学ぶことは意義深い。

目的

インターネットを使ったコミュニケーション（SNS＝ソーシャル・ネットワーキング・サービスなど）のメリット・デメリットを理解する。そして，文字メッセージの場合，表現の相違によって印象が変わることを知り，よりよい人間関係を構築するための考え方や配慮を学ぶ。

○準備
  • プリント①②
  • ポスター（電子ファイルについては「本書の利用方法」（p. iv）を参照）

○授業概略
  (1) インターネットを使ったコミュニケーションのメリット・デメリットを理解する。
  (2) 文字での表現で気持ちを伝えるときに配慮すべきことを考える。
  (3) 「インターネットでの書き込みのポイント」を使って書き込み内容を考え，グループで話し合う。

○期待される生徒の変化と反応
  • 相手の気持ちを考えたメールやSNSでの書き込みができる。
  • 望ましいインターネットでのコミュニケーションができる。

メール・書き込みのポイント

関係がこわれてしまわないメールや書き込みを心がけよう。

こ　困った時は大人に相談する
わ　悪口や強い言葉を使わない
れ　(悪口を書かれても) 冷静に判断する
て　(分かりやすく) 丁寧に書く

「インターネットでの書き込みのポイント」の覚え方『関係が“こわれて”しまわない書き込み』
【こ】困（こま）ったときは大人に相談する　【わ】悪口（わるくち）や強い言葉を使わない
【れ】悪口が書かれていても冷静（れいせい）に判断する　【て】わかりやすく丁寧（ていねい）に書く

ユニット指導にあたって

　この授業では，スマートフォン等の情報通信機器を使って，インターネット上で行う文字のコミュニケーションについて学習する。対面でのコミュニケーションでは，言い過ぎたり誤解を受けたりしても，相手の反応を見てすぐに修正や説明の追加をすることができる。しかしインターネットにおける文字によるコミュニケーションでは，相手の反応がすぐにわからないため，相手を怒らせたり，傷つけたりしてしまうことが起こり得る。そこで，対面とメールなどのインターネット上でのコミュニケーションを対比させてメリット・デメリットを考えさせることで，その特徴を把握して行動することができるようにする。

　インターネット上のトラブルに遭遇したことがある生徒がいる場合は，事前に授業内容を伝えておくといった配慮が必要である。また，授業後に生徒からの相談等があることも考えられるので，その場合は適切な対応を行う。

場面	教師の指示（★）と生徒の反応・行動（△）	留意点
導　入	★スマートフォンを使って，SNS などで友だちとコミュニケーションをとっている人はどのくらいいますか？ △〔挙手する。〕	
説　明	★今日は，インターネットでのコミュニケーションの利用について学習していきます。	
活動(1) インターネットを使ったコミュニケーションのメリット・デメリットを理解する。	★インターネットでのコミュニケーションは，どんなアプリなどを使って行っていますか？ △○○○／△△△／□□（具体的なアプリなど）。 ★そうですね。どれも多くの人が利用していて便利なものですが，対面でのコミュニケーションとは違った面で注意するところがあります。では，これらを使ったコミュニケーションのメリットとデメリットはどんなところだと思いますか？隣の人と話し合ってみてください。 ★発表してくれる人はいますか？ △（メリット）いつでも簡単に連絡できる／友だちが増える／最新の情報を手に入れることができる／グループでやりとりができる。 （デメリット）文字だけだと誤解が生じやすい／悪口を書かれたりする／いじめ／個人情報の流出。 ★インターネットでのコミュニケーションは，便利な反面，さまざまな問題が生じる可能性があります。では，特に文字を使ったやりとりについて考えてみましょう。	
活動(2) 文字でのコミュニケーションにおける留意点を考える。	★それでは，文字だけを使うアプリのトーク画面を見て考えてみましょう。プリント①を見てください。いくえさんは，えみさんが来ると聞いてうれしいと思いますか？　それとも，うれしくないと思いますか？　その理由も考えてプリントに記入してみましょう。 △（うれしい）すぐに返信している／（うれしくない）返事が短い，文字だけ。 ★〔発言を板書する〕うれしい，うれしくないという両方の意見がありますね。では続きのやり取りも考えてみましょう。いくえさんはえみさんにプレゼントを買いたいのでしょうか？　買いたくないのでしょうか？　その理由も考えてプリントに記入してみましょう。だれか発表してもらえますか？ △（買いたい）いいよと言っているから／（買いたくない）返事が短い。返事まで間がある。 ★これは肯定の「いいよ」と否定の「いいよ」のどちらとも受けとめられますよね。その前にある「よかったね」をどう理解するかによって，「いいよ」の受けとめかたも変わると考えられます。いくえさんがえみさんにプレゼントを買いたいとしたら，その気持ちを正しくあいさんに伝えるためには，どのような表現にすればよいと思いますか？　プリントに記入しましょう。では，発表してください。 △いいよー／いいよ～／いいよ！／いいよ（＾＾）／　／買っていこう！／そうだね！ ★〔5～6つ意見が出るようにする〕いろいろな意見が出ましたね。人によって「気持ちが伝わる」と感じる表現は異なることがわかります。文字によるコミュニケーションは，相手の表情やイントネーションなどの情報が少ないため，直接話すときと同じようには伝わりません。人によって受け取り方は異なるので，話すときと同じように伝え合っているかを意識してやり取りすることが大切ですね。 では，「インターネットでの書き込みのポイント」をまとめます（ポスターを提示する）。プリント②にも記入しておきましょう。 「インターネットの書き込みのポイント」の覚え方『関係が"こわれて"しまわない書き込み』 ①困（こま）ったときは大人に相談する　②悪口（わるくち）や強い言葉を使わない ③悪口が書かれていても冷静（れいせい）に判断する　④わかりやすく丁寧（ていねい）に書く ★次にこれらのポイントをふまえて，インターネット上でのやり取りを練習してみましょう。	プリント① 配布 プリント② 配布 ポスター提示 ポイントの①～③についても概要を説明する。
活動(3) ポイントを使って書き込み内容を考え，グループで話し合う。	★プリント②を見てください。これはプリント①の続きです。いくえさんは，えみさんにプレゼントを買いたいと思っていたのですが，あいさんはいくえさんの返信を見て，「本当は嫌なんだ」と誤解して怒ってしまいました。では，先ほどのポイントを使って，いくえさんがどのように返信したらよいか考えてみましょう。 △〔プリント②に記入する〕 ★ではグループ（ペア）で意見を交流してみましょう。どのような意見が出ましたか？ △Aそんなことないよ／買いたいと思っているよ。 　B言い方が悪かったね／うまく伝わってなくてごめんね／誤解されるような書き方してごめんね。 ★プリント②を記入して，考えたことや感じたことを発表してください。 △あいさんが怒って強い言葉を使っても冷静に対応する／文字だけでは伝わりにくいことをふまえて，絵文字やスタンプなどの工夫をする／相手がどのように思うか考えてから送信する。 ★インターネットでの文字を使ったコミュニケーションは，対面でのコミュニケーションとは違った問題があります。また，今後仕事では，インターネット上の文字でのやり取りがさらに多くなるでしょう。トラブルにならないためにも，その特徴をよく理解して使用することが大切ですね。	
振り返り	★SNS の中でも文字を使ったコミュニケーションでは，誤解されやすいことに注意して，ていねいな発言を心がけましょう。	
まとめ	★今日の学びを今後どのように活かしていきたいかを，プリント②に記入してください。	

「顔の見えないコミュニケーション」①

_____ 年 _____ 組 _____ 番

氏名 _____

1　下の図は，あいさんがいくえさんに送ったトークの画面です。

```
＜ いくえ

                                          既読    明日のカラオケ，みかは大丈夫だって♪
                                          20:15

      りょーかい！  既読
                  20:15

                                          既読    えみも来られるようになったって！
                                          20:16

      よかったね   既読
                  20:16
```

　いくえさんはえみさんが来ると聞いてうれしいと思いますか，うれしくないと思いますか？　そう考えた理由も記入しましょう。

うれしい・うれしくない	理由

2　下の図は，1の続きです。

```
                                          既読    えみの誕生日がもうすぐだから，明日サプラ
                                          20:17   イズでプレゼント買っていかない？

      いいよ   既読
              20:20
```

　いくえさんはえみさんにプレゼントを買いたいと思いますか，買いたくないと思いますか？　そう考えた理由も記入しましょう。

買いたい・買いたくない	理由

3　いくえさんがえみさんにプレゼントを買いたいとしたら，その気持ちを正しくあいさんに伝えるためには，どのような表現にすればよいと思いますか？

「顔の見えないコミュニケーション」②

_____ 年 _____ 組 _____ 番

氏名 _____

1 インターネットでの書き込みのポイント『関係が"こわれて"しまわない書き込み』

「こ」 _____	「わ」 _____
「れ」 _____	「て」 _____

2 下の図はプリント①のトーク画面の続きです。いくえさんはえみさんにプレゼントを買いたいと思っていますが，あいさんが誤解して怒ってしまいました。いくえさんは何と返信すればよいか，A，Bに入る言葉を考えてみましょう。

		既読 20:21	ほんとはプレゼント買いたくないんでしょ？いやならはっきり言ってよ。
A 既読 20:22			
		既読 20:23	そうなんだね。いやそうな言い方だと思ってしまって
B 既読 20:24			
		既読 20:25	私も誤解してごめんね。

A	
B	

●今日の学びを今後どのように活かしていきたいですか（今の気持ち）。

今日の学習について，あてはまるところに○をつけましょう

> 4：とてもそう思う　3：思う　2：あまり思わない　1：まったく思わない

- インターネットでの文字を使ったコミュニケーションのメリット，デメリットを理解することができましたか。　　　　　　　　　　　　　　　　[　4　　　3　　　2　　　1　]
- 「インターネットでの書き込みのポイント」を覚えることができましたか。
　　　　　　　　　　　　　　　　　　　　　　　　　　　　[　4　　　3　　　2　　　1　]
- 今日の学びをこれから活かしていこうと思いますか。[　4　　　3　　　2　　　1　]

C3 仕事で使う電話

【ねらいとする能力】
• 対人関係　• 自己のコントロール

意義

電話応対は，ビジネスマナーの中でも一番難しいといわれている。現代は携帯電話の時代であり，私的な使用の場合には相手がわかっている電話に出ることが多いので，電話応対のマナーが求められないことがほとんどである。しかし職場等では，相手がわからない状況で電話対応をすることもあるため，適切な電話応対の方法を身につけておく必要がある。そこで，社会に出る前に高校で電話応対の方法を学ぶことができれば，生徒にとって大変有益である。

目的

職場等での電話でのコミュニケーション方法を身につける。

○準備
• プリント①②③
• ポスター（電子ファイルについては「本書の利用方法」（p. iv）を参照）
• モデリング用台本（教師用資料）

○授業概略
(1)「電話をするときのポイント」を学ぶ。
(2) 職場等での電話の受け方・かけ方の流れを学ぶ。
(3) 電話の受け方・かけ方を身につける。

○期待される生徒の変化と反応
• 適切な電話応対をすることができる。

「電話をするときのポイント」の覚え方 『電話をするときは"アメカジ"で！』
【あ】明（あか）るい声で話す　【め】メモを手元に用意する
【か】簡潔（かんけつ）に話す　【じ】〔かけるときは〕時間（じかん）を選ぶ

ユニット指導にあたって

　この授業では，ビジネスマナーで重要な電話応対について学ぶ。電話は知らないうちに相手に不快感を与える可能性があったり，対応次第で会社などの印象が変わったりする。よって，適切な電話応対の方法を身につけることは，社会人として最低限必要なことである。
　ポイントの【じ】電話をかける「時間」に関しては，始業直後や終業直前，昼の休憩時間等は避けたほうがよいといわれている。また，電話応対は，知識としてわかっていても実践すると難しいものである。そこで，スキル習得に向けて繰り返しロールプレイができるように，活動(3)の時間を十分に確保することが望ましい。なお，電話実習機（またはそれに代わるもの，例えば受話器の代わりになるもの）などの道具を使うと，より実践的な学習ができる。
　なお，インターンシップや職業人インタビューといった，電話応対が必要な行事等の前に実施すると，さらに学習の効果が期待できる。

場　面		教師の指示（★）と生徒の反応・行動（△）	留意点
導　入		★みなさんは，人と直接話す以外にどんな方法でコミュニケーションをとっていますか？ △SNS ／メール／電話。	
説　明		★最近は SNS の普及で，電話で話をする機会が少なくなっていますが，電話でのコミュニケーションは，仕事をする上で欠かせません。みなさんも今後，受験や就職の問い合わせなどで電話をかける機会があると思います。そこで今日は，電話でのコミュニケーションの方法を学びます。	
活動 (1)	職場等での電話でのコミュニケーションの重要性を学ぶ。	★対面で話をすることと，電話で話をすることの違いは何だと思いますか？ △表情や様子が見えるか見えないか。 ★そうですね。表情や様子がわからないので，電話で話をするときは対面で話すとき以上に気をつける必要があります。メールも仕事でよく使いますが，では，電話とメールの違いは何だと思いますか？ △メールは文章が残るが，電話は残らない。 ★そうですね。電話はきちんとメモなどを記録しておかないと，後で話の内容を正確に思い出せない可能性があります。それでは，普段みなさんが電話で話すときに気をつけていることは何ですか？ △声の大きさや調子（トーン）／長電話／今電話していいかと聞く。 ★電話は，仕事を円滑に進めていくためには欠かせないものです。今みなさんが答えたことは，仕事の電話でも重要なことです。電話応対の仕方は，会社の印象を左右します。ですから，電話応対の方法を身につけることは，社会人にとってとても大切なことなのです。それでは，「電話をするときのポイント」を説明します。これは最低限必要なことをポイントにしています（ポスターを提示する）。プリント①にも記入しておきましょう。 　「電話をするときのポイント」の覚え方『電話をするときは "アメカジ" で！』 　【あ】明（あか）るい声で話す　【め】メモを手元に用意する 　【か】簡潔（かんけつ）に話す　【じ】〔かけるときは〕時間（じかん）を選ぶ ★このポイントは，電話をするときの基本事項です。電話は，かける場合と受ける場合がありますね。それぞれに鍵となる大事な点があります。次はそのことについて学びます。	ポスター提示 プリント①配布
活動 (2)	電話の受け方・かけ方の流れとポイントを学ぶ。	★ではまず電話の受け方を学びましょう。先生が電話で話す場面をやってみますので，どんなところが鍵となる点（大事な点）か，電話を受ける人の行動に注目してメモをしながら見てください。〔電話のモデリングを見る〕 △〔メモを取りながらモデリングを見る〕 ★では，どんなところが鍵となる点だったと思いますか？ △すぐに取らなかったら「お待たせしました」と言っていた／電話に出る前にメモを用意した／最初に名前を名乗った／メモを取りながら聞いていた／メモの内容をもう一度言った／相手が電話を切ってから受話器を置いた。 ★たくさんの鍵となる点が出ましたね。では，もう一度同じ場面をやってみますので，今度は電話をかける人の行動に注目して，メモを取りながら見てください。〔もう一度電話のモデリングを行う〕 △〔メモを取りながらモデリングを見る〕 ★では，どんなところが鍵となる点だったと思いますか？ △話す前に書類などを準備していた／最初に名乗った／受話器を静かにおいていた。 ★そうですね。では今から電話の受け方・かけ方の流れを書いたプリントを配布しますので，鍵となる点を確認しながら，空欄を埋めていきましょう。 △〔プリント②に記入する〕 ★では次に，これまで学んだことを練習してみましょう。	モデリング用台本 プリント②配布
活動 (3)	職場等での電話のかけ方を身につける。	★それでは3人1組でロールプレイを行います。プリント③を見てください。役割分担を行った後，台本に合わせてロールプレイを行います。観察者の人は，『"アメカジ"』ができているか評価を行い，プリントに評価を記入してください。 △〔役割分担を行い，ロールプレイを行う〕 ★それでは，前で発表してくれるグループはありますか？ △〔いくつかのグループがロールプレイをする〕 ★今の発表を見て，よかったところや気づいたことをグループで話してみてください。 △〔グループで話し合った後，発表する〕 ★どのグループも，鍵となる点に沿って電話をかけたり受けたりできていましたね。電話をするときは，対面で話すとき以上に丁寧で相手に不快感を与えない応対を心がけましょう。適切な電話応対は社会人には欠かせませんが，電話応対が苦手で仕事を辞めてしまう新入社員もいるそうです。今のうちから電話の応対に慣れておくといいですね。	プリント③配布
振り返り		★今日は職場等での電話の受け方・かけ方を学びました。これから電話を受けたりかけたりするときは，今日学んだことをぜひ使ってみましょう。	
ま と め		★今日の学びを今後どのように活かしていきたいかを，プリント①に記入してください。	

「仕事で使う電話」①

_____ 年 _____ 組 _____ 番

氏名 _____

●電話をするときのポイント『電話をするときは"アメカジ"で！』

「あ」
_____

「め」
_____

「か」
_____

「じ」
_____

『電話をするときは
"アメカジ"で！』

●先生のモデリングを見て，鍵となる点（大事な点）だと思ったところをメモしましょう。

電話を受ける人	電話をかける人

●今日の学びを今後どのように活かしていきたいですか（今の気持ち）。

今日の学習について，あてはまるところに○をつけましょう

4：とてもそう思う　3：思う　2：あまり思わない　1：まったく思わない

- 「電話をするときのポイント」を理解できましたか。　[　4　　3　　2　　1　]
- 電話応対の一般的な流れを理解できましたか。　[　4　　3　　2　　1　]
- ロールプレイで適切な電話応対ができましたか。　[　4　　3　　2　　1　]
- 今日の学びをこれから活かしていこうと思いますか。　[　4　　3　　2　　1　]

「仕事で使う電話」②

_____ 年 _____ 組 _____ 番

氏名 _____

●電話の一般的な流れを確認し，ア～キにあてはまる言葉を書きましょう。また"ア
メカジ"の中のどのポイントを使っているかを★ポイントの【ク】～【ス】に書きましょう。

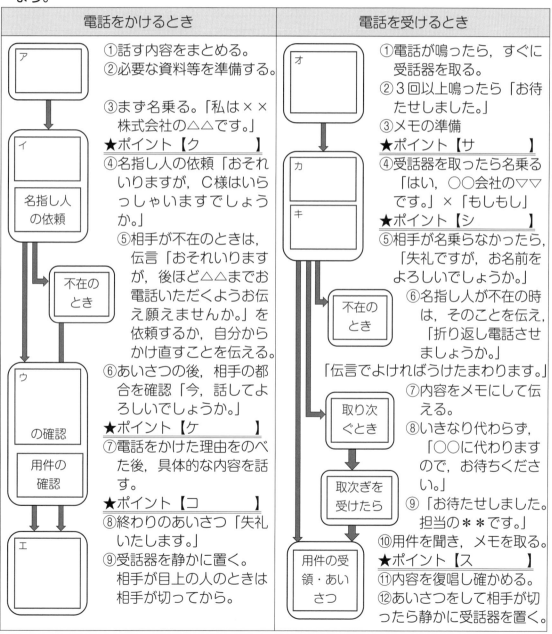

電話をかけるとき	電話を受けるとき
ア　 **イ**　 名指し人の依頼 不在のとき **ウ**　の確認 用件の確認 **エ**	①話す内容をまとめる。 ②必要な資料等を準備する。 ③まず名乗る。「私は××株式会社の△△です。」 ★ポイント【ク　　】 ④名指し人の依頼「おそれいりますが，C様はいらっしゃいますでしょうか。」 ⑤相手が不在のときは，伝言「おそれいりますが，後ほど△△までお電話いただくようお伝え願えませんか。」を依頼するか，自分からかけ直すことを伝える。 ⑥あいさつの後，相手の都合を確認「今，話してよろしいでしょうか。」 ★ポイント【ケ　　】 ⑦電話をかけた理由をのべた後，具体的な内容を話す。 ★ポイント【コ　　】 ⑧終わりのあいさつ「失礼いたします。」 ⑨受話器を静かに置く。相手が目上の人のときは相手が切ってから。
オ　 **カ**　 **キ**　 不在のとき 取り次ぐとき 取次ぎを受けたら 用件の受領・あいさつ	①電話が鳴ったら，すぐに受話器を取る。 ②3回以上鳴ったら「お待たせしました。」 ③メモの準備 ★ポイント【サ　　】 ④受話器を取ったら名乗る「はい，○○会社の▽▽です。」×「もしもし」 ★ポイント【シ　　】 ⑤相手が名乗らなかったら，「失礼ですが，お名前をよろしいでしょうか。」 ⑥名指し人が不在の時は，そのことを伝え，「折り返し電話させましょうか。」「伝言でよければうけたまわります。」 ⑦内容をメモにして伝える。 ⑧いきなり代わらず，「○○に代わりますので，お待ちください。」 ⑨「お待たせしました。担当の＊＊です。」 ⑩用件を聞き，メモを取る。 ★ポイント【ス　　】 ⑪内容を復唱し確かめる。 ⑫あいさつをして相手が切ったら静かに受話器を置く。

「仕事で使う電話」③

_____ 年 _____ 組 _____ 番

氏名 _____

●ロールプレイをしてみよう。

【役割】

	A：電話を受ける人	B：電話をかける人	C：観察者
1回目	さん	さん	さん
2回目	さん	さん	さん
3回目	さん	さん	さん

【場面】

A：お待たせいたしました。○○株式会社△△です。

B：おはようございます。私は□□株式会社の××と申します。いつもお世話になっております。おそれいりますが，■■様はいらっしゃいますでしょうか。

A：申し訳ありません。ただいま■■は別の電話にかかっております。伝言でよろしければうけたまわります。

B：ではおそれいりますが，次回の打ち合わせの件で，後ほど□□株式会社の××までお電話いただくようお伝え願えませんか。

A：承知いたしました。□□株式会社の××様まで電話をさし上げるように，■■に伝えます。△△がうけたまわりました。

B：ありがとうございます。それではよろしくお願いいたします。失礼いたします。

A：失礼いたします。

【電話を受ける人の場合】

（　　　　　　　）さんが評価しました

○よい　△まあまあ　×もう少し	
明るい声で話していましたか〔ポイント【あ】〕	
メモを手元に用意していましたか〔ポイント【め】〕	
簡潔にわかりやすく話していましたか〔ポイント【か】〕	
受話器を静かに置いていましたか	

【電話をかける人の場合】

（　　　　　　　）さんが評価しました

○よい　△まあまあ　×もう少し	
明るい声で話していましたか〔ポイント【あ】〕	
用件をメモなどにまとめていましたか〔ポイント【め】〕	
簡潔にわかりやすく話していましたか〔ポイント【か】〕	
受話器を静かに置いていましたか	

●教師用資料「仕事で使う電話」
◆プリント②解答

ア	準備	イ	名乗り
ウ	相手の都合	エ	あいさつ
オ	素早い対応	カ	名乗り
キ	相手の確認	ク	あ
ケ	じ	コ	か
サ	め	シ	あ
ス	め		

◆ポスターのイメージ

◆モデリング用台本　A：教師　B：生徒（または教師）

※モデリングを行う生徒は，あらかじめ決めておいてもよい。教師２名で行う方法もある。
生徒は台本を見ながら行ってもよい。

（３コール以上電話が鳴っている。）
A：（メモを用意する。）
　　お待たせいたしました。○○株式会社△△です。
B：おはようございます。私は□□株式会社の××と申します。いつもお世話になって
　　おります。おそれいりますが，■■様はいらっしゃいますでしょうか。
A：申し訳ありません。ただいま■■は別の電話にかかっております。伝言でよろしけ
　　ればうけたまわります。
　　（メモを書く準備をする）
B：ではおそれいりますが，次回の打ち合わせの件で，後ほど□□株式会社の××まで
　　お電話いただくようお伝え願えませんか。
A：（メモを書きながら）
　　承知いたしました。□□株式会社の××様まで電話をさし上げるように，■■に伝
　　えます。△△がうけたまわりました。
B：ありがとうございます。それではよろしくお願いいたします。失礼いたします。
　　（受話器を静かに置く）
A：失礼いたします。
　　（相手が切ったことを確認して受話器を静かに置く）
　　（メモを■■の机に置く）
【■■さんが帰社する】
A：■■さん，□□株式会社の××様から電話がありました。机にメモを置いています。

C4 わからないことを聞く

【ねらいとする能力】
• 対人関係　　• 他者への気づき

意義

質問は必要な情報を得るための行為である。また，コミュニケーションを促進し，相手をさらに理解するためにも有効である。しかし，相手の都合を考慮せず質問したり，質問の内容が明確でなかったりする場合は，相手から拒絶される可能性もある。一方，相手に遠慮して質問できない場合もあるだろう。特に仕事をする上ではあらゆる場面で適切に質問する能力が求められる。そこで，社会に出る準備段階にいる高校生が，質問の意義を学び，適切な質問方法を身につけることは重要である。

目的

質問する際に，相手に快く応じてもらうために，「よい質問方法のポイント」を学び実行への意欲を高める。

○準備
  • プリント①②
  • ポスター（電子ファイルについては「本書の利用方法」（p. iv）を参照）
  • モデリング用台本，質問場面カード（教師用資料）

○授業概略
  (1) 質問の意義を考え，教師のモデリングを見て「よい質問方法のポイント」を学ぶ。
  (2) ロールプレイを行い，適切な質問方法を身につける。
  (3) さまざま場面での適切な質問方法を練習する。

○期待される生徒の変化と反応
  • 相手に気持ちよく応じてもらえる質問をすることができる。

「よい質問方法のポイント」の覚え方『質問の"まきしお"』
【ま】〔質問の内容を〕まとめる　【き】〔質問の〕許可（きょか）を得る
【し】質問（しつもん）する　【お】お礼を言う

ユニット指導にあたって

　この授業では，質問の意義や適切な質問の方法を学ぶ。最初に質問の意義を考えさせることで，質問することの重要性に気付かせる。また，仕事をするようになると，疑問点を確認する，指示を仰ぐ，意見を聞くなどといったようにあらゆる場面で，適切に質問する能力が求められるため，社会人として質問のスキルを身につける必要があることを理解させたい。さらに，よい人間関係を築くために有効であることも押さえておきたい点である。
　モデリングを行う際は，教師2名で実施してもよいが，あらかじめ実施する生徒を決めておく方法もある。

場　面		教師の指示（★）と生徒の反応・行動（△）	留意点
	導　入	★みなさんは，何かわからないことがあったらどうしますか？ △調べる／人に聞く。 ★そうですね。わからなかったら聞くことは大切ですね。	
	説　明	★上手に質問ができると，よいことがたくさんあります。今日は上手に質問する方法を学習しましょう。	
活動 (1)	質問の意義を考え，よい質問方法のポイントを学ぶ。	★まずは，なぜ質問することが大切なのか考えてみましょう。プリント①に記入してください。 △〔プリント①に記入し発表する〕わからないことがわかる／相手のことを知ることができる／会話がはずむ。 ★質問には特に2つの意義があります。1つ目は，<u>自分の知りたい情報を得ることができる</u>ことです。2つ目は<u>コミュニケーションをスムーズにし，相手をより理解することができる</u>ことです。（下線部板書） ★では今から質問している場面をやってみます。気がついた点をメモしながら見てください。だれか手伝ってくれる人はいますか？ ★△〔モデリングを行う。△は台本を見ながら行う〕 ★生徒の言動で，気がついたところ（よくなかったところ）はありますか？ △質問内容がわかりにくい／いきなり話しかけた／相手の都合を気にしていない／お礼を言わない。 ★上手に質問するには，いくつかポイントがあります。ポイントを紹介します。『質問の〝まきしお〟』です（ポスターを提示する）。プリント①にも記入しておきましょう。 　「よい質問方法のポイント」の覚え方『質問の〝まきしお〟』 　【ま】〔質問の内容を〕まとめる　【き】〔質問の〕許可（きょか）を得る 　【し】質問（しつもん）する　　【お】お礼を言う ★次はよい質問のポイントをふまえて，実際に質問の練習をしてみましょう。	プリント①配布 ポスター提示
活動 (2)	ロールプレイを行い，適切な質問方法を身につける。	★では，ペアになって「よい質問方法」を練習しましょう。役割を決めてください。後で役割は交代します。 △〔ペアになって役割を決める〕 ★では役割に従ってロールプレイを行いましょう。「よい質問方法のポイント」の『〝まきしお〟』を意識しましょう。 △〔ロールプレイを行う。3分程度で役割を交代し，もう一度行う〕 ★前でやってくれるペアはいますか？ △〔前に出てロールプレイをやってもらう。工夫していた点があったペアにやってもらうとよい。〕 ★○○な点がとてもいいですね。よい質問の方法がわかりましたか？　これまでは，決まった場面で，決まった質問文でのロールプレイを行いました。次は，さまざまな場面で，どのような質問をすればよいか考えます。	プリント②配布
活動 (3)	さまざまな場面での適切な質問方法を練習する。	★では，今後みなさんが出会う可能性がある場面で，よい質問方法のポイントを使う練習をしましょう。方法を説明します。まず，ペアで質問者を決めます。その人が質問場面のカードを引きます。出た場面でどのように質問するとよいか，台本をペアで考えます。台本は質問者と回答者が2往復程度のやり取りをすると想定して考えてみましょう。そして，考えた内容をプリント②にまとめてください。終わったら，質問者を交代してカードを引いて同じように質問内容を考えてください。その後発表してもらいます。 △〔ペアで質問内容を話し合う。その後代表のペアがロールプレイをする（発表者の数は時間による）〕 ★今のロールプレイを見て，よかったところや気づいたことを発表してください。 △〔ロールプレイを見ての気づきを発表する〕 ★よい質問方法のポイントを使うことは日常生活でも必要ですが，社会に出て仕事をするようになると，疑問点を確認する，指示を仰ぐ，意見を聞くなどといったあらゆる場面で，質問する力が求められます。日頃，先生や友だちに質問をすることがあると思いますが，そんな時は『質問の〝まきしお〟』を意識して質問をするようにしてみてください。	質問場面カードの配布 質問場面カードでの実施が難しい場合は，教師が場面を提示してもよい。
	振り返り	★今日は質問の意義やよい質問の方法について学びました。「よい質問方法のポイント」を使って上手に質問できるようになりましょう。	
	ま と め	★今日の学びを今後どのように活かしていきたいかを，プリント②に記入してください。	

「わからないことを聞く」①

_____年 _____組 _____番

氏名 _____

1 なぜ質問することが大切か考えて記入してみましょう。

2 先生のモデリングを見て，よくなかったところをメモしましょう。

3 よい質問方法のポイント　『質問の "まきしお"』

【ま】_____

【き】_____

【し】_____

【お】_____

「わからないことを聞く」②

_____ 年 _____ 組 _____ 番

氏名 _____

1　ロールプレイをしてみよう。

【役割】　生徒，先生　　【場面】　進路について先生に質問する
【シナリオ】

> 生徒：(あらかじめ質問内容をまとめておく)【ま】　先生，今お話ししてよろしいですか？
> 　　　【き】
> 先生：(隣の先生と打ち合わせ中) 急ぎの用事があるので，ちょっと待ってもらえますか？
> 生徒：わかりました。
> 先生：お待たせしました。どうしましたか？
> 生徒：進路について質問したいことがあります。看護師になるためには大学と専門学校があ
> 　　　りますが，違いは何ですか？【し】
> 先生：なるほど。大学と専門学校の違いですね。ただもうすぐ昼休みが終わるので，続きの
> 　　　話は放課後でもいいですか？
> 生徒：はい，では放課後によろしくお願いします。ありがとうございました。【お】

2　さまざまな場面での質問を考えてみよう。

場面カード　　記号〔　　　　　〕	場面カード　　記号〔　　　　　〕

●今日の学びを今後どのように活かしていきたいですか（今の気持ち）。

今日の学習について，あてはまるところに○をつけましょう

4：とてもそう思う　3：思う　2：あまり思わない　1：まったく思わない

・質問の意義を理解できましたか。　　　　　　　　　　[　4　　　3　　　2　　　　1　]

・「よい質問方法のポイント」を使って質問ができましたか。
　　　　　　　　　　　　　　　　　　　　　　　　　[　4　　　3　　　2　　　　1　]

・今日の学びをこれから活かしていこうと思いますか。[　4　　　3　　　2　　　　1　]

●ポスターのイメージ

よい質問方法のポイント

覚えておこう!!

質問のまきしお

① 〔質問の内容を〕まとめる

② 〔質問の〕許可を得る

③ 質問する

④ お礼を言う

●教師用資料「わからないことを聞く」

◆モデリング用台本　　　A：教師　B：生徒（または教師）

※モデリングを行う生徒はあらかじめ決めておいてもよい。教師2名で行う方法もある。
生徒は台本を見ながら行ってもよい。

A：（職員室に入ってきて，突然話しかける）先生，日曜日に大学の…。 B：（隣の先生と打ち合わせ中）急ぎの用事があるので，ちょっと待ってもらえますか？ A：昼休みが終わるから，早くしてください。 B：わかりました。どうしましたか？ A：日曜日に大学のオープンキャンパスに行ってきました。とてもきれいな大学でいいなと思いました。この前行った専門学校のオープンキャンパスもとてもよかったんですよね。 B：そうですか。よかったですね。それで，どんなことを聞きたいのですか？ A：ああ，看護師になるためには大学と専門学校がありますが，違いは何ですか？ B：なるほど，大学と専門学校の違いですね。ただもうすぐ昼休みが終わるので，続きの話は放課後でもいいですか？ A：えー，それなら放課後は時間がないからもういいです。（職員室から出ていく。）

◆質問場面カード

A	B
オープンキャンパスで，大学の先生に希望する学科の特徴について質問する。	インターンシップで，従業員の人に昼食休憩の時間が何時からかを質問する。
C	D
先生に，授業中聞きもらしてしまった宿題の内容を質問する。	アルバイト先で，店長さんに次の休みを希望通りにとれるかどうか質問する。
E	F
職場訪問で，案内してくれた部長さんに会社の仕事内容を質問する。	図書館で，司書さんに探している本がどこにあるか質問する。
G	H
部活動で，顧問の先生に練習メニューを質問する。	駅で，駅員さんに事故で止まっている電車がいつ動き出すか質問する。

C5 上手な頼み方と断り方

【ねらいとする能力】
・対人関係　・他者への気づき

意義

自分一人の力で物事に対処することが難しいとき，人に頼むことはよくある。しかし人に頼むことが苦手な場合，一人で仕事を抱え込んだり，無理をして体調を崩してしまったりする可能性がある。また何かを頼まれたり，誘われたりしたときに断ることが苦手な場合もストレスを抱えてしまうことになる。そこで，アサーティブな頼み方や断り方を身につけることは，自身の心身の健康を保ち，良好な人間関係を築くために重要である。

目的

アサーティブな頼み方と断り方を学び，「上手な頼み方と断り方のポイント」をおさえた頼み方，断り方ができるようになる。

○準備
- プリント①②③
- ポスター（電子ファイルについては「本書の利用方法」（p. iv）を参照）
- モデリング用台本（教師用資料）

○授業概略
  (1) 教師のモデリングを見て「上手な頼み方と断り方のポイント」を学ぶ。
  (2) ロールプレイを行い，適切な頼み方，断り方を身につける。
  (3) さまざまな場面での頼み方，断り方を練習する。

○期待される生徒の変化と反応
  • 相手を不快にさせない頼み方や断り方をすることができる。

「上手な頼み方と断り方のポイント」の覚え方『"はりてね"』
【は】〔内容を〕はっきり伝える　　【り】理由（りゆう）を伝える
【て】〔代わりの案を〕提案（ていあん）する　【ね】ねぎらう

ユニット指導にあたって

　この授業では，アサーティブな頼み方と断り方の方法を学ぶ。アサーションとは自分も相手も尊重する自己表現である。
　指導にあたっては，ロールプレイで他の人の表現を見ることで，同じ自己表現であっても様々な表現があることに気づかせる。頼みごとをしたり断ったりすることが苦手な生徒もいるが，アサーティブな表現によって，人間関係を保つことができることに気づかせたい。また生徒の実際の人間関係の中で活用することによってスキルが身につくので，日常生活での活用を促していくことが大切である。

場面	教師の指示（★）と生徒の反応・行動（△）	留意点
導　入	★人に何かを頼むことや，頼まれごとを断ることが苦手だと思う人はいますか？ △〔挙手〕	
説　明	★今日は上手に頼んだり断ったりする方法を学びます。これはよい人間関係を保つためにも大切なことです。	
活動(1)　教師のモデリングを見て頼み方，断り方のポイントを学ぶ。	★今まで「人に頼んだときに嫌がられた」という経験や「頼まれて，断れずに仕方なく引き受けた」という経験がある人はいますか？ △ない／ある。 ★その時どんな気持ちがしましたか？ △嫌がられたら腹が立った／断ったら嫌われそうな気がした／先輩だから怖くて断れなかった。 ★では今から，頼みごとをしている場面を2つやってみます。気がついた点をメモしながら見てください。だれか手伝ってくれる人はいますか？ ★△〔モデリングを行う。生徒は台本を見ながら行う〕 ★どちらの頼み方がよかったですか？　またどこがよかったですか？ △2つ目。頼む理由を言っている／感謝の気持ちを述べている。 ★そうですね。では次，上手な断り方を考えてみましょう。今から断る場面を2つやってみます。 ★△〔モデリングを行う。生徒は台本を見ながら行う〕 ★どちらの断り方がよかったですか？　またどこがよかったですか？ △2つ目。謝っていた／断る理由を言っていた／代わりの案を出していた。 ★上手に頼んだり断ったりするには，いくつか共通したポイントがあります。ポイントは『"はりてね"』です（ポスターを提示する）。プリント①にも記入しておきましょう。 　「上手な頼み方と断り方のポイント」の覚え方『"はりてね"』 　【は】〔内容を〕はっきり伝える　　【り】理由（りゆう）を伝える 　【て】〔代わりの案を〕提案（ていあん）する　　【ね】ねぎらう ★次は上手な頼み方と断り方のポイントをふまえて，実際に練習をしてみましょう。	プリント①配布 モデリング用台本 ポスター提示
活動(2)　ロールプレイを行い，上手な頼み方・断り方を身につける。	★では，ペアになって「上手な頼み方と断り方」を練習しましょう。役割を決めてください。 △〔ペアになって役割を決める〕 ★では役割に従って，プリント②を見ながらロールプレイをしましょう。ポイントの『"はりてね"』を意識して行いましょう。 △〔ロールプレイを行う。2分程度で役割を交代し，もう一度行う〕 ★前でやってくれるペアはいますか？ △〔前に出てロールプレイを行う。工夫していた点があったペアにやってもらうとよい〕 ★○○な点がとてもいいですね。よい頼み方と断り方の方法がわかりましたか？　今のロールプレイで，どの部分がポイントの『"はりてね"』にあたるかを確認しておきましょう。これまでは，決まった場面で，決まった頼み方と断り方でのロールプレイを行いました。次は，さまざまな場面でどのような頼み方や断り方をすればよいか考えます。	プリント②配布
活動(3)　さまざまな場面での適切な頼み方・断り方を練習する。	★では，上手な頼み方や断り方を使う練習をしましょう。まず頼み方の場面を選びます。次にその場面にあうシナリオをペアで考えてください。その後ロールプレイを行います。AとBどちらの役割もやってみましょう。頼み方の場面が終わったら，断り方の場面も同様に行いましょう。シナリオはプリント②を例にして，2～3往復のやり取りを考えてみましょう。 △〔ペアで場面を決め，シナリオを考える。その後ロールプレイを行う〕 ★では，前でロールプレイをやってくれるペアはいますか？ △〔指名されたペアが前でロールプレイを行う。前で行うことが難しい場合は，複数のペア同士で発表し，よかった点や感想を交流する〕 ★今のロールプレイを見て，よかったところや気づいたことを発表してください。 △〔ロールプレイを見ての気づきを発表する〕 ★相手を不快にさせない頼み方や断り方ができることは，よい人間関係をつくるために大切です。さらに，社会に出て仕事をするようになると，頼みごとをしたり，頼まれたことを断ったりしなければならない場面が多くあります。この時に，上手に頼んだり断ったりできないと，一人で仕事を抱え込み，ストレスをためてしまったり，最悪の場合，体調をくずす可能性もあります。相手に気持ちよく仕事を引き受けてもらったり，相手の気持ちを害さないように断ったりすることは，人間関係を良好に保ち仕事を円滑に行うために必要なことです。	プリント③配布
振り返り	★今日は頼み方や断り方について学びました。「上手な頼み方と断り方のポイント」を今後も使ってみましょう。	
まとめ	★今日の学びを今後どのように活かしていきたいかを，プリント②に記入してください。	

「上手な頼み方と断り方」①

_____ 年 _____ 組 _____ 番

氏名 _____

1　先生のモデリングを見て，気がついたところ（よかったところ，よくなかったところ）をメモしましょう。

(1) 頼み方

1番目	2番目

(2) 断り方

1番目	2番目

2　上手な頼み方と断り方のポイント　『"はりてね"』

「は」_____　　「り」_____

「て」_____　　「ね」_____

「上手な頼み方と断り方」②

_____ 年 _____ 組 _____ 番

氏名 _____

● ロールプレイをしてみよう。

(1) 頼み方

【役割】 生徒A，生徒B　　【場面】 休んだ日の英語のノートを借りたい。

【シナリオ】

> A：Bさん，ちょっといい？
> B：何？
> A：英語のノートを貸してもらえないかな？【は】昨日休んだから，ノートを写したいと思って。【り】
> B：うーん。明日1時間目に英語の授業があるから，予習したいんだよね。
> A：昼休みの間に写すから，それだったらいいかな？【て】
> B：それだったらいいよ，どうぞ。
> A：助かるよ。ありがとう。【ね】

(2) 断り方

【役割】 生徒A，生徒B　　【場面】 部活動を休んで一緒に遊ぼうと誘われた。

【シナリオ】

> B：Aさん，今日部活行くの？
> A：行くよ。どうして？
> B：昨日新しいゲームをダウンロードしたんだ。今日部活休んで一緒にゲームしようよ。
> A：ごめん，今日は行けないよ。【は】明日試合があるんだ。【り】でも，試合が終わったら部活が休みだから，その日だったら行けるよ。【て】おもしろそうだからやりたいな。
> B：うん，わかった。じゃあ休みの日にいっしょにやろう。
> A：よかった。楽しみにしてるね。【ね】

● 今日の学びを今後どのように活かしていきたいですか（今の気持ち）。

>

今日の学習について，あてはまるところに○をつけましょう

> 4：とてもそう思う　3：思う　2：あまり思わない　1：まったく思わない

・上手な頼み方や断り方の大切さが理解できましたか。　[　4　　3　　2　　1　]
・「上手な頼み方と断り方のポイント」を使えましたか。[　4　　3　　2　　1　]
・今日の学びをこれから活かしていこうと思いますか。[　4　　3　　2　　1　]

「上手な頼み方と断り方」③

_____ 年 _____ 組 _____ 番

氏名 _____

1　頼み方の場面を①〜③の中から１つ選び, シナリオを考えてロールプレイをしてみよう。

【役割】生徒Ａ〔頼む人〕, 生徒Ｂ

【場面】

①　用事があるので放課後の委員会を変わってほしいと頼む。

②　先生からノートを集めて持ってくるように言われたので, 手伝ってほしいと頼む。

③　財布を忘れたから昼食代を貸してほしいと頼む。

【シナリオ】選んだ場面（　　　　　　）

2　断り方の場面を①〜③の中から１つ選び, シナリオを考えてロールプレイをしてみよう。

【役割】生徒Ａ〔断る人〕, 生徒Ｂ

【場面】

①　今日発売の雑誌を貸してと言われたが, まだ読み終わっていないので断りたい。

②　日曜日に映画を見に行こうと誘われたが, 家族と出かけるので断りたい。

③　ＣさんをＳＮＳのグループから外そうと誘われたが, いやなので断りたい。

【シナリオ】選んだ場面（　　　　　　）

●教師用資料「上手な頼み方と断り方」
◆ポスターのイメージ（電子ファイルについては「本書の利用方法」（p. iv）を参照）

◆モデリング用台本　　A：教師　　B：生徒（または教師）

※モデリングを行う生徒はあらかじめ決めておいてもよい。教師2名で行う方法もある。
　生徒は台本を見ながら行ってもよい。

【頼み方】英語の宿題を教えてもらいたい。

①よくない例

> A：ねえねえ，今日の昼休み，英語の宿題教えてよ。
> B：今日は委員会があるから無理だよ（困った様子で）。
> A：えー，ちょっとぐらいいいじゃん！（強い調子で）
> B：じゃあ……，15分ぐらいならいいよ（しぶしぶ）。

②ポイントを意識した例

> A：ちょっとお願いがあるんだけど，いいかな？
> B：何？　どうしたの？
> A：昼休み一緒に英語の宿題をやってくれないかな？　わからないところがあるんだ。
> B：ごめんね，今日は昼休みに委員会があるんだ。
> A：そっか。じゃあ放課後だったらどう？
> B：放課後だったら大丈夫だよ。
> A：助かるよ。ありがとう。

【断り方】試験前にノートを貸してと言われたが，勉強したいので断りたい。

①よくない例

> B：Aさん，頼みがあるんだけど。
> A：何？
> B：数学のノート，貸してもらえないかな？　ちょっとわからないところがあって。明日絶対返すから。
> A：う，う～ん……。
> B：君しかいないんだよね。お願い！
> A：でもなぁ……。
> B：どっちなの？
> A：えっ，わかった，貸すよ。

②ポイントを意識した例

> B：Aさん，頼みがあるんだけど。
> A：何？
> B：数学のノート，貸してもらえないかな？　ちょっとわからないところがあって。明日絶対返すから。
> A：今日家で数学の復習しようと思ってるんだ。だから今日は貸せないよ。ごめんね。でも明日だったらいいよ。
> B：じゃあ明日貸してくれる？
> A：いいよ，明日持ってくるね。

D 関係づくり

　この学習領域のおもなテーマは，関係開始（D1）と関係維持（D2），問題解決（D3），説明（D4）である。

　まず，関係開始の「友だちや知人をつくろう」（D1）では，自発的に人間関係を形成するためのスキルを学ぶ。高校では，中学校で慣れ親しんだ人間関係から一転して，新しい人間関係を構築していく必要がある。そこで，入学後にあまり時間を空けずこのユニットを実施すると効果があるだろう。

　関係維持の「意見を述べよう」（D2）では，自分の意見を表明するスキルを学ぶ。さらに説明がテーマとなっている「要領よく上手に伝えよう」（D4）において相手にわかりやすく伝えるスキルを学習する。自分の意見をわかりやすく表明することは，相手からの信頼を得てよりよい人間関係を形成するために欠かせない。また教科の授業においても，意見交流や話し合い活動においてこのスキルは重要である。

　問題解決については，「トラブルの解決」（D3）でトラブルに対処するスキルを学ぶ。最近ではSNSの利用によって起こる人間関係のトラブルが増加しており，さらに大人の介入がないまま深刻な事態に発展する場合もある。そのようなときでも具体的な対処法を身につけておくことで，深刻化を防ぐ効果があると考えられる。

D1 友だちや知人をつくろう

【ねらいとする能力】
・対人関係　・自己のコントロール

意義

学校生活ではグループで活動する機会が多くあるが，そのようなときに自分から積極的に声をかけることは，対人関係を開始するために重要である。しかし自分から対人関係を開始することが難しい生徒もおり，そのような場合は対人関係が広がらず，交流が深まらないこともある。そこで，高校生が自分から関係を開始するための適切な方法を身につけることは意義がある。

目的

自分から対人関係を開始することの重要性を理解する。そして「声をかけるときのポイント」を使って，自発的に人間関係を構築できるようになる。

○準備
- プリント①②
- ポスター（電子ファイルについては「本書の利用方法」（p.iv）を参照）
- モデリング用台本（教師用資料）

○授業概略
(1) 教師のモデリングを見て，「声をかけるときのポイント」を学ぶ。
(2) ロールプレイを行い，「声をかけるときのポイント」を身につける。
(3) さまざまな場面での声のかけ方を練習する。

○期待される生徒の変化と反応
- 自分から仲間に声をかけるようになる。
- 積極的に人と接するようになる。

「声をかけるときのポイント」の覚え方 『"ハチ"の"あき"』	
【は】はっきり言う	【ち】近（ちか）づく
【あ】相手（あいて）を見る	【き】〔相手の〕気持ち（きもち）にあわせる

ユニット指導にあたって

　この授業では，人間関係における関係開始のための方法を学ぶ。新しい人間関係をつくるためには，最初の声かけが必要である。しかし，緊張したり，話しかけることへの不安があったりして，うまく声かけができないということもあるだろう。そのような場合，相手から誤解されたり，人間関係が築けずに孤立感を感じてしまったりする可能性もある。そこで，自ら対人関係を開始する方法を学習することで，自発的に人間関係を構築できるきっかけとしたい。

　この授業は，入学時や進級時など新しい人間関係を構築していく必要があるときに行うと，より効果が高まると考える。また，関係開始に必要なスキルは，ユニットA3「初対面の人へのあいさつ」や，ユニットC4「わからないことを聞く」でも学習するので，関連づけることができる。

場　面	教師の指示（★）と生徒の反応・行動（△）	留意点
導　入	★みなさんは，新しく人間関係を始めるときは自分から声をかけるか，声をかけられるのを待つか，どちらですか？ △〔挙手する〕	
説　明	★初めて同じクラスになった人や，同じグループになった人などと知り合いになるためには，自分から声をかけるといいですね。今日は，自分から声をかけて関係を始める方法を学びます。	
活動 (1)　教師のモデリングを見て，「声をかけるときのポイント」を学ぶ。	★先ほど，自分から声をかけるか，声をかけられるのを待つか，どちらのタイプかを尋ねました。では，なぜ自分がそういった行動をとるのか考えて，プリント①に記入してみましょう。書いたらペアで話してみてください。 △〔プリント①に記入し，ペアで意見交換を行う〕 ★どんな意見が出たか，発表してください。 △自分からできる：早く友だちになりたいから／どんな人か興味があるから。 　自分からは苦手：緊張するから／冷たい対応をされたらと思うと不安だから。 ★自分から話しかけることができる人もいれば，苦手な人もいます。ただ人と関係を開始するときには，自分から話しかけたほうがスムーズに始まります。今日は，自分から声をかけて関係を始める方法を学びますから，苦手な人はその方法を身につけてください。できている人も，もっとよい声かけができるようになりましょう。 ★では今から，声をかける場面をやってみます。気がついた点をメモしながら見てください。だれか手伝ってくれる人はいますか？ ★△〔モデリングを行う。△は台本を見ながら行う〕 ★Aさんの声のかけ方で，気がついたところ（よくなかったところ）はありますか？ △はっきり言わないから，Bさんが困っている／下を向いて言っているから，声が聞こえにくい。 ★「声をかけるときのポイント」があります。ポイントは〝ハチ〟の〝あき〟です（ポスターを提示する）。プリント①にも記入しておきましょう。「相手の気持ちにあわせる」とは，喜んでいる人にはうれしい気持ちで，悲しんでいる人には悲しんだり心配した気持ちで声をかけることです。 　「声をかけるときのポイント」の覚え方『〝ハチ〟の〝あき〟』 　【は】はっきり言う　　　【ち】近（ちか）づく 　【あ】相手（あいて）を見る　【き】〔相手の〕気持ち（きもち）にあわせる ★では声をかけるときのポイントをふまえて，実際に練習をしてみましょう。	プリント①配布 モデリング用台本 ポスター掲示
活動 (2)　ロールプレイを行い，「声をかけるときのポイント」を身につける。	★では，ペアになって「声のかけ方」を練習しましょう。役割を決めてください。後で役割は交代します。ロールプレイの場面は，先ほどのモデリングのよいパターンです。 △〔ペアになって役割を決める〕 ★では役割に沿ってロールプレイを行いましょう。「声をかけるときのポイント」の『〝ハチ〟の〝あき〟』に気をつけます。 △〔ロールプレイを行う。3分程度で役割を交代し，もう一度行う〕 ★前でやってくれるペアはいますか？ △〔前に出てロールプレイをやってもらう。工夫していた点があったペアにやってもらうとよい〕 ★○○な点がとてもいいですね。よい声のかけ方がわかりましたか？　次はさまざまな場面で，どのように声をかけたらよいか考えます。	
活動 (3)　さまざまな場面での声のかけ方を練習する。	★プリント②を見てください。学校や会社などのさまざまな場面での声のかけ方を練習しましょう。ペアでそれぞれ1つずつ選んで，ロールプレイを行います。まず役割を決めてください。それからシナリオを考えて，ロールプレイをしてみましょう。シナリオは，場面にそって初対面の人と2〜3往復の会話をするという設定で考えるとよいでしょう。 △〔グループで場面を選び，台本を考えてロールプレイを行う〕 ★では，前でやってくれるペアはいますか？ △〔指名されたペアが前でロールプレイを行う。前で行うことが難しい場合は，複数のペア同士で発表しあい，良かった点や感想を交流する〕 ★今のロールプレイを見て，よかったところや気づいたところを発表してください。 △〔ロールプレイを見ての気づきを発表する〕 ★新しい人間関係をつくるためには，最初の声かけが大切です。うまく声かけができないと，相手から誤解されたり，人間関係が築けずに孤立感を感じてしまったりすることがあるかもしれません。社会人になって仕事を円滑に進めるためにも，良好な人間関係が必要です。よい人間関係を始めるために，ぜひ自分から声をかけてみましょう。	プリント②配布
振り返り	★今日は声かけの方法を学びました。「声をかけるときのポイント」を使って，新しい人間関係を広げていきましょう。	
まとめ	★今日の学びを今後どのように活かしていきたいかを，プリント②に記入してください。	

「友だちや知人をつくろう」①

_____ 年 _____ 組 _____ 番

氏名 _____

1　あなたは初対面の人に自分から声をかけることができますか？

できる　・　苦手である
その理由

2　先生のモデリングを見て，気がついたところをメモしましょう。

3　声をかけるときのポイント　『"ハチ"の"あき"』

「は」_____　　「ち」_____

「あ」_____　　「き」_____

4　ロールプレイをしてみよう。

　Aさんは，○○委員になりました。今日は入学後の初めての委員会です。教室に入ると，顔と名前は知っていますが，話をしたことがある人が全くいません。今から係活動のペアを決めると言われたので，隣の席のBさんに話しかけてみようと思います。

A：〔話しかけようかどうしようか迷っている様子だが…〕
　（はっきりとした声で）Bさん，（体を少し前に出して，相手を見て）ペアにならない？
B：Aさん，同じクラスの人いないの？
A：そうなの。クラスで一人なんだ。私とペアになってくれるとうれしいんだけど。
B：もちろんいいよ！　私も一人だったからどうしようかと思っていたんだ。
A：よかった！　係の仕事がんばろうね。
B：そうだね。

「友だちや知人をつくろう」②

_____ 年 _____ 組 _____ 番

氏名 _____

● 声をかける場面を１つ選び，シナリオを考えてロールプレイをしてみよう。

〔場面の例〕
　①調理実習のグループをつくるとき，一人でいる友だちを誘う。
　②クラスマッチの出場種目を決めるとき，知っている人がいない種目のグループの人に
　　声をかける。
　③隣の部署の人に，会議に必要な資料の枚数について質問する。
　④入社初日に，隣の席の人にコピー用紙の保管場所を聞く。

選んだ場面	声をかける人 さん	声をかけられた人 さん
シナリオ		

● 今日の学びを今後どのように活かしていきたいですか（今の気持ち）。

今日の学習について，あてはまるところに○をつけましょう

4：とてもそう思う　3：思う　2：あまり思わない　1：まったく思わない

- 自分から声をかける大切さが理解できましたか。　　［　4　　3　　2　　1　］
- 「声をかけるときのポイント」を理解できましたか。　［　4　　3　　2　　1　］
- 「声をかけるときのポイント」を使えましたか。　　　［　4　　3　　2　　1　］
- 今日の学びをこれから活かしていこうと思いますか。［　4　　3　　2　　1　］

●ポスターのイメージ

●教師用資料「友だちや知人をつくろう」

◆モデリング用台本　　Ａ：教師　Ｂ：生徒（または教師）
※モデリングを行う生徒はあらかじめ決めておいてもよい。教師２名で行う方法もある。
　生徒は台本を見ながら行ってもよい。

【声のかけ方のよくない例】
　Ａさんは，〇〇委員になりました。今日は入学後の初めての委員会です。教室に入ると，顔と名前は知っていますが，話をしたことがある人が全くいません。今から係活動のペアを決めると言われたので，隣の席のＢさんに話しかけてみようと思います。

> Ａ：〔話しかけようかどうしようか迷っている様子……〕
> 　（相手との距離を縮めることもなく，ぼそぼそと）Ｂさん，（下を向いて）あの〜
> 　……。
> Ｂ：え？　何？　私のこと呼んだ？
> Ａ：えーと……。（小さな声でぼそぼそと）Ｂさん，ペア決まった……？
> Ｂ：ごめん，聞こえにくいから，もう少しはっきり言ってくれる？
> 　（他の人から声をかけられて，席を立つ）向こうから呼ばれたから行くね。
> Ａ：……。

D2 意見を述べよう

【ねらいとする能力】
• 対人関係
• 他者への気づき　• 自己のコントロール

意義

自分の意見を表明することは，相手からの信頼を得てよりよい人間関係を形成するために欠かせない。一方で，自信がなかったり，人間関係の悪化を恐れたりして意見表明が苦手な生徒も多い。社会人になると，さまざまな場面で自分の意見を表明することが求められる。さらに，自分の意見を表明しないことは，自身の評価を下げることにつながる可能性もある。そこで，高校生が自分の意見を表明するスキルを身につけることは意義がある。

目的

ブレーンストーミングの手順を知る。そしてブレーンストーミングの手法を使い，自分の意見を表明するスキルを身につける。

○準備
• プリント①②
• ポスター（電子ファイルについては「本書の利用方法」（p. iv）を参照）
• ふせん紙，ふせん紙をまとめるための台紙（模造紙など）
• 教師用資料

○授業概略
(1)「ブレーンストーミングのポイント」を学ぶ。
(2)「ブレーンストーミングのポイント」を使って話し合いをする。
(3) ブレーンストーミングを振り返り，意見を交流する。

○期待される生徒の変化と反応
• 自分の意見を表明できるようになる。
• お互いの意見を尊重し協働するようになる。

「ブレーンストーミングのポイント」の覚え方『"ヒカジリ"』
【ひ】批判厳禁　【か】改善発展　【じ】自由に発想　【り】〔質より〕量

ユニット指導にあたって

　ブレーンストーミングを通して自由に発言する経験を通して，意見を表明することは対立を生むのではなく，物事をよりよい方向に改善させるきっかけになるという体験をさせたい。なお，ブレーンストーミングの利点は，別々のアイデアを結び付けることによって新たなアイデアの創出が期待できるところである。そこで，生徒の状況によっては別々のアイデアを結びつけてさらに発展させる，という活動に深めることも考えられる。そのためにも話し合うテーマは，生徒の興味を引く内容や生徒の実情に合わせて設定し，「○○ためにはどうすればよいか」という題で提示すると取り組みやすい。生徒の状況によっては，ブレーンストーミングの時間を十分にとると，1時間では足りない場合も考えられるので，適宜時間設定を行うとよい。
　関連するユニットには，B1「上手に聴こう」，C1「気持ちの伝え方」，C4「わからないことを聞く」，D4「要領よく上手に伝えよう」がある。

場　面		教師の指示（★）と生徒の反応・行動（△）	留意点
導　入		★みなさんはいつでも自分の意見を述べることができますか？ △できる／苦手だ。	
説　明		★今日は自由に意見を出していく話し合いを通して，自分の意見を話したり伝えたりすることの大切さを学びます。	
活動 (1)	「ブレーンストーミングのポイント」を学ぶ。	★授業や学校行事，部活動のミーティングなどで話し合いをする機会があると思いますが，そんな時に自分の意見を述べることが苦手な人もいると思います。どうしてそうなると思いますか？ △自信がない／もめたくない／嫌われたくない／恥ずかしい。 ★そうですね。変なことをいったらどうしようとか，いいことを言わないといけないと思ったり，恥ずかしくて意見を言えなかったりするということもありますね。また，人に合わせすぎて意見を言えないという人もいるかもしれません。では，みなさんは自分の意見を言わなくて，損をしたと思った経験はありませんか？ △ない／ある。発言しておけばよかったと後悔した／周りから軽く扱われるようになった。 ★自分の意見を言うことは，自分に不利益を被らないためにも大切なことです。しかし，先ほどの意見にあったように，苦手だと思っている人もいます。そこで今日は「ブレーンストーミング」という方法をやってみたいと思います。もともとブレーンストーミングは，一人一人の発想をもとに新しいアイデアを生み出す話し合いの方法です。今日は，その中でも自分の意見を表明するところを中心に練習をしたいと思います。では「ブレーンストーミングのポイント」を説明します（ポスターを提示する）。プリント①にも記入しておきましょう。 　「ブレーンストーミングのポイント」の覚え方 〝ヒカジリ〟 　【ひ】批判（ひはん）厳禁　【か】改善（かいぜん）発展　【じ】自由（じゆう）に発想 　【り】〔質より〕量（りょう） ★どのような意見が出ても，批判することなくよく聞いてください。そのうえで，自分の意見を述べましょう。	プリント①配布 ポスター提示
活動 (2)	ブレーンストーミングのポイントを使って話し合いをする。	★ブレーンストーミングの手順を説明します。プリント①を見てください。まず個人でふせん紙に意見を書きます。その時には，「現実には不可能だな」と思うことでも構いませんので，思いついたことをどんどん書きましょう。そして，ふせん紙を出しながらそこに書かれている意見を一人ずつ順番に述べてください。次に，出たふせん紙をグループ分けします。グループ分けした意見から，さらにアイデアをふくらませてください。最後に，どのような意見が出たか発表してもらいます。 ★では今日のテーマを発表します。テーマは「○○」です。ブレーンストーミングのポイント〝ヒカジリ〟を忘れないようにしましょう。時間は△△分です。それでは始めてください。 △〔ブレーンストーミングを行う〕 ★〔教師は生徒の様子を観察しながら，適宜アドバイスを行う。うまく進んでいない場合は，司会者，発言の順番などを明確にするとよい〕 ★時間になりました。では，各グループの結果を聞いてみましょう。どのような意見が出たか発表してください。 △〔各グループの発表を行う〕 ★〔出た意見を板書する。または，各グループで作成したまとめの台紙を提示してもよい〕 ★多くの意見が出ましたね。〔各グループの意見を聞いて，指導者の気づきや感想を述べる〕では，ブレーンストーミングをして感じたことはありますか？ △批判がないので，たくさん提案できた／いろいろな意見を合わせるとさらによい意見になった。 ★そうですね。一人では思いつかなかった意見が，みんなの意見を合わせることによって生まれることがわかったと思います。では今日のブレーンストーミングについて，個人で振り返ってみましょう。	グループの人数は，4人程度が望ましい。 テーマ例を参考に，生徒や学校の実情に合わせてテーマを設定する。
活動 (3)	ブレーンストーミングを振り返り意見を交流する。	★プリント②を見てください。各項目について，記入してみましょう。 △〔プリント②に記入する〕 ★それでは，記入した内容についてグループで意見交換をしてください。 △〔グループで意見交換を行う〕 ★それではどのような意見が出たか発表してください。 △〔グループごとに発表を行う〕 ★今日の話し合いを通して，自分の意見を言うことで，話し合いがどんどん進むことを体験できたと思います。また，みんなが話し合いを重ねることで，グループのメンバーのことがさらにわかるようになったのではないかと思います。社会人になると，仕事を成功させるために自分の意見を表明することが非常に大切になります。自分の意見を伝えることを不必要に我慢したり恐れたりせず，相手とよりよい関係を築いていくためにも，自分の意見を表明できるようになりましょう。	プリント②配布
振り返り		★今日は「ブレーンストーミング」を通して，自分の意見を表明することを学びました。今後も授業や学校行事，部活動などで自分の意見を言ったり話し合いをしたりする場面が多くあると思いますので，今日学んだことを活用してください。	
まとめ		★今日の学びを今後どのように活かしていきたいかを，プリント②に記入してください。	

「意見を述べよう」①

_____年 _____組 _____番

氏名 _____

1 ブレーンストーミングのポイント『"ヒカジリ"』

「ひ」_____ ：出されたアイデアに対する批判，判断，意見はしない。

「か」_____ ：他人のアイデアを修正・改善・発展・結合する。出されたアイデアの改善案や組み合わせなども歓迎する。

「じ」_____ ：つまらない（と思う）アイデア，乱暴な（と思う）アイデア，見当違いな（と思う）アイデアを排除しない。

「り」_____ ：アイデアは多いほどよい。　　　『"ヒカジリ"』

2 ブレーンストーミングの手順

① 個人でふせん紙に意見を書く。
② ふせん紙を出しながら意見を述べる。
③ 集まったふせん紙をグループ分けする。〔ふせん紙を台紙にはる。〕
④ グループ分けした意見から，さらにアイデアをふくらませる。
⑤ どのような意見が出たか発表する。

●今日の学びを今後どのように活かしていきたいですか（今の気持ち）。

今日の学習について，あてはまるところに○をつけましょう

4：とてもそう思う　3：思う　2：あまり思わない　1：まったく思わない

• 「ブレーンストーミングのポイント」を理解することができましたか。
　　　　　　　　　　　　　　　　　　　　　　[4　　3　　2　　1]

• 自分の意見を自由に述べることができましたか。　[4　　3　　2　　1]

• 今日の学びをこれから活かしていこうと思いますか。[4　　3　　2　　1]

「意見を述べよう」②

_____ 年 _____ 組 _____ 番

氏名 _____

● 今日の話し合いを振り返ってみよう。

○ よくできた　△できた　×できなかった

(1) メンバーの意見を批判することなく聞くことができましたか？　【ひ】批判厳禁

（○△×）	（評価の理由）

(2) 他人のアイデアを活かして自分の考えを出すことができましたか？　【か】改善発展

（○△×）	（評価の理由）

(3) いつもとは違う自由な発想ができましたか？　【じ】自由に発想

（○△×）	（評価の理由）

(4) 数多くのアイデアを出すことができましたか？　【り】〔質より〕量

（○△×）	（評価の理由）

●ポスターのイメージ

ブレーン・ストーミングの ポイント

グループで話し合う時は、ヒカジリを注意しましょう!

ひ 批判厳禁
どんな意見でも最後まで聞こう!!

か 改善発展
友だちのアイデアを参考にしてもOK!!

じ 自由に発想
どんなアイデアでも大歓迎!!

り [量よい]量
たくさんアイデアを出すことが大切!!

●教師用資料「意見を述べよう」

◆テーマ例

- 服装違反をなくすためには，どうすればよいか。
- テストの点数をあげるためには，どうすればよいか。
- 英語（数学）を好きになるためには，どうすればよいか。
- 校内のごみの分別を徹底するためには，どうすればよいか。
- 試合に勝つためには，どうすればよいか。
- 遅刻をしないためには，どうすればよいか。
- みんなが参加できる体育大会（文化祭）にするためには，どうすればよいか。
- いじめをなくすためには，どうすればよいか。
- 歩きスマホをなくすためには，どうすればよいか。
- バス（電車）の乗車マナーを向上させるためには，どうすればよいか。

◆「ブレーンストーミング」とは

　ブレーンストーミングは，新しい主題を導入し，創造性を促進し，多くのアイデアをすばやく生み出す方法です。特定の問題を解決したり，ある問いに答えるのに使用できます。

【使用法】
- ブレーンストーミングしたいと思う問題を決め，様々な答えが出せるような問いを作ります。
- 全員が見えるところに問いを書きます。
- 自分たちの考えを自由に発言し，誰もが見ることのできるところ（例えば模造紙など）に一語で，又は短文で書いてもらいます。
- 誰からもアイデアが出なくなったら，ブレーンストーミングを終わります。
- コメントを求めながら，提案されたことがらを一つずつ検討していきます。

【留意点】
- 新しい提案はどれも残さず書き留めます。しばしば，最も創造的な提案がいちばん有効で興味深いものであるものです。
- 意見の提案が終わるまでは，他人の書いたものについて誰も意見を述べてはいけせん。また，すでに出された意見をくり返してはいけません
- 誰もが意見を出すように激励してください。
- 学習集団を励ます必要がある場合にのみ，指導者の意見を出すようにします。
- 出された提案の意味がよくわからない場合には，説明を求めます。

（出所）文部科学省（1998）「人権教育の指導方法等の在り方について［第三次とりまとめ］」。

D3　トラブルの解決

【ねらいとする能力】
• 対人関係　　• 責任ある意思決定
• 生活上の問題防止のスキル

意義

友だちとの間でトラブルが起きた場合には，気持ちに任せて行動するのではなく，どのように
トラブルを解決するかを冷静に考えて，適切な行動をとる必要がある。また働きはじめると，
ハラスメントや同僚との関係，労働条件などが原因でさまざまなトラブルが少なからず起こる。
そうしたときのために，トラブルの解決方法を導き出す手順を学んでおく必要がある。

目的

人間関係においてトラブルが起きたときの「トラブル解決のポイント」を理解する。そしてこ
のポイントを使って，自分の身に起こったトラブルを解決することができるようになる。

○準備
• プリント①②③
• ポスター（電子ファイルについては「本書の利用方法」（p. iv）を参照）
• 教師用資料

○授業概略
(1) トラブル場面での自分の行動を振り返る。
(2)「トラブル解決のポイント」を理解する。
(3)「トラブル解決のポイント」を使った解決方法を練習する。

○期待される生徒の変化と反応
• 人間関係のトラブルを自分で解決しようとする。

「トラブル解決のポイント」の覚え方『トラブル解決４兄弟　明・考多・よそ男・きめ男』
【明】目標を明らかにする　　【考多】多くの解決方法を考える
【よそ男】結果を予想する　　【きめ男】最もよい方法を決定し実行する

ユニット指導にあたって

　この授業では，無理にトラブルを避けようとするのではなく，トラブルが起きても適切に解
決できることが大切であることを生徒に気づかせたい。この能力はキャリア教育で育成すべき
「基礎的・汎用的能力」の「課題対応能力」に該当する。
　プリント②③を記入する場合，「目標」は，現状維持ではなく積極的な関係改善を設定する
ように指導する。また「解決方法」に不適切と思われる解決方法を記入している生徒がいる場
合は，「結果の予想」によって，考えた方法がうまくいかない可能性が高いことに気づかせ，
解決方法が不適切だということに自ら考えが至るように助言する。さらに「結果の予想」では，
うまくいかない場合の具体的な状況や，うまくいく場合の相手の気持ち，さらに解決方法が実
行可能かどうかなどを書くように指導する。活動(2)を丁寧に実施すると活動(3)の時間が不足す
る恐れがあるが，別途活動(3)の時間を設けるなどして適宜対応してほしい。
　なお，生徒自身が経験したトラブルの内容を発表するときは，他の生徒に知られたくない事
例であることも考えられるため，グループ編成や発表時には配慮が必要である。

場　面	教師の指示（★）と生徒の反応・行動（△）	留意点
導　入	★今まで友だちや先輩・後輩などとトラブルになったことがある人はいますか？ △〔挙手〕	
説　明	★人との付き合いの中では，トラブルが起こることがあります。今日は何かトラブルが起こったときに上手に解決する方法について学びます。	
活動(1)　トラブル場面での自分の行動を振り返る。	★友だちなどとトラブルが起きたとき，みなさんはどのように行動していますか？　プリント①の「トラブルが起きたときの行動」にチェックを入れてみましょう。 △〔プリント①にチェックを入れる〕 ★どの項目にチェックを入れましたか？　グループで話してみてください。 △〔ペアで意見交換を行う〕 ★人によって，トラブルが起きたときの行動は違うと思います。では，プリントに示した行動で，適切でないものはありますか？ △机をける／悪口を言う／暴力を振るう。 ★そうですね，相手に危害を加える行為は当然不適切ですね。またトラブルを放置しておくと，余計に問題が悪化することもあります。ですが，どの方法が適切かは，トラブルの相手や内容によって変わります。いつも同じ方法がよいとは限りません。そこで，次はどのように考えたり行動したりすると，トラブルの解決につながるかを学びます。	プリント①配布 あらかじめ4人程度のグループを設定しておくとよい。
活動(2)　「トラブル解決のポイント」を理解する。	★トラブルの解決にはポイントがあります。ポイントを紹介します。ポイントは『トラブル解決4兄弟』です（ポスターを提示する）。プリント①にも記入しておきましょう。 「トラブル解決のポイント」の覚え方『トラブル解決4兄弟　明・考多・よそ男・きめ男』 【明】目標を明らかにする　　【考多】多くの解決方法を考える 【よそ男】結果を予想する　　【きめ男】最もよい方法を決定し実行する ★友だちなどとトラブルが起こったときは，「どうやって仲直りしようかな」と考えると思いますが，このポイントの方法で解決方法を導き出すとうまくいくかもしれません。もし，選んだ方法でうまくいかないときは，もう一度，【考多】【よそ男】に戻って考え直すこともできます。 ★では，プリント②のトラブルについて，ポイントをもとに考えてみましょう。プリント②の空欄を埋めてみてください。「目標」は，現状維持ではなく積極的に関係を改善するといったことを書きましょう。また「結果の予想」では，うまくいかない場合はその具体的な状況を，うまくいく場合は相手の気持ち，さらにこの方法が実行が可能かどうかなどを書くとよいでしょう。 △〔トラブル解決のポイントに沿ってプリント②に記入する〕 ★書けたらグループでどのような目標を立てたか，どんな解決方法を考えたかなど話し合ってみましょう。 △〔グループで意見交換を行う〕 （時間に余裕があれば，記入内容について代表のグループに発表してもらう。） ★グループで話すことで，自分とは違う解決方法を発見できた人がいるかもしれませんね。多くの解決方法を考え結果を予想できると，その中から最もよい方法を決定し実行できます。また，もしうまくいかなくても他の方法を試すことができるので，問題解決がスムーズに進みます。では，次に実際に自分に起こったトラブルを考えてみましょう。	ポスター掲示 プリント②配布
活動(3)　「トラブル解決のポイント」を使った解決方法を練習する。	★プリント③を見てください。プリント②を使って考えた方法と同じように，あなたが経験したトラブルについて，解決方法を考えてみてください。実際に解決できなかったトラブルや，解決に時間がかかったトラブルだと考えやすいでしょう。後からみんなで意見を共有しますので，発表することがためらわれるようなトラブルは，今回は書かないようにしましょう。解決しなかったトラブルがない人は，他にもいい方法がなかったかどうかを考えてみてください。 △〔トラブル解決のポイントに沿ってプリント③に記入する〕 ★では，書いたことを発表してくれる人はいますか？ △〔書いた内容を発表する〕 ★多くの解決方法を考え，結果を予想し，最もよい方法を決定することができていましたね。人とつき合っていく中でトラブルは避けられないものです。社会に出ると，上司や同僚など，さまざまな人間関係の中で，トラブルが起こる可能性があります。また，もしお客様とのトラブルを放置していたら，会社の信用問題にもつながります。そうした時に，今日学んだトラブル解決方法が役立ちます。このトラブル解決方法は，どんなトラブルの解決にも使えますので，日常生活で問題を解決しなければならないときにはぜひ使ってみてください。	プリント③配布 トラブルが記入できない生徒は，教師用資料の例を使用することもできる。
振り返り	★今日はトラブルの解決方法について学びました。「トラブル解決のポイント」を今後も使ってみましょう。	
まとめ	★今日の学びを今後どのように活かしていきたいかを，プリント①に記入してください。	

「トラブルの解決」①

_____ 年 _____ 組 _____ 番

氏名 _____

1 トラブルが起きたときの行動を考えてみよう

あなたは普段，人とトラブルになったとき，どうしていますか？あてはまるものにすべてチェックを入れましょう。

☐ 友だちに相談する。	☐ スポーツなど体を動かして気持ちを落ち着かせる。
☐ 親や家族に相談する。	☐ 趣味に没頭して気持ちを落ち着かせる。
☐ 先生に相談する。	☐ 相手がアクションを起こすまでじっと待つ。
☐ SNS で相談する。	☐ 机をけるなど，無言で不快な感情を相手に示す。
☐ 相手に直接会って話をする。	☐ 相手の悪口を他の人に言いふらす。
☐ 相手にメールをする。	☐ 相手に暴力を振るう。
☐ 相手に電話する。	☐ トラブルの存在を忘れる。

2 トラブル解決のポイント 『トラブル解決4兄弟 明（あきら）・考多（こうた）・よそ男（お）・きめ男（お）』

【明】
_____

【考多】
_____

【よそ男】
_____

【きめ男】
_____

●今日の学びを今後どのように活かしていきたいですか（今の気持ち）。

今日の学習について，あてはまるところに○をつけましょう

4：とてもそう思う 3：思う 2：あまり思わない 1：まったく思わない

- トラブル解決の大切さが理解できましたか。 [4 3 2 1]
- 「トラブル解決のポイント」を理解できましたか。 [4 3 2 1]
- 「トラブル解決のポイント」を使えましたか。 [4 3 2 1]
- 今日の学びをこれから活かしていこうと思いますか。 [4 3 2 1]

「トラブルの解決」②

_____ 年 _____ 組 _____ 番

氏名 _____

● 「トラブル解決のポイント」を使って考えてみよう。

> Aさんから SNS でメッセージが来ていたが，アルバイト中だったので，2時間後に返事をした。そうしたら，それ以来Aさんから返事がないし，学校でも態度が冷たい。もしかして，私が返事をするのが遅かったと怒っているのかな…。

①目標を明らかにする。（相手との関係についての最終的な目標）

②多くの解決方法を考える。
　トラブルを解決に導くために，考えられる解決方法を4つ書いてみましょう。

A	B	C	D

③結果を予想する。
　それぞれの解決方法を実行した場合の結果を，具体的に予想してみましょう。

A	B	C	D

④最もよい方法を決定し実行する。
　②・③で考えたA・B・C・Dの解決方法の中で，最も適したものを1つ決めて□に記号を書きましょう。また，それを選んだ理由を書きましょう。

　□　　理由

「トラブルの解決」③

_____ 年 _____ 組 _____ 番

氏名 _____

● 「トラブル解決のポイント」を使って考えてみましょう。

あなたが経験したトラブル

①目標を明らかにする。（相手との関係についての最終的な目標）

②多くの解決方法を考える。
　トラブルを解決に導くために，考えられる解決方法を４つ書いてみましょう。

A	B	C	D

③結果を予想する。
　それぞれの解決方法を実行した場合の結果を具体的に予想してみましょう。

A	B	C	D

④最もよい方法を決定し実行する。
　②・③で考えたA・B・C・Dの解決方法の中で，最も適したものを１つ決めて□に記号を書きましょう。また，それを選んだ理由を書きましょう。

	理由

●教師用資料「トラブルの解決」

◆ポスターのイメージ（電子ファイルについては「本書の利用方法」（p. iv）を参照）

◆プリント③のトラブルの例
以下のトラブルの例を使うこともできる。

あなたは，同じクラスのAさんのことを「話が合うし，よい友だちだな。」と思っていた。しかしSNSで，Aさんがあなたの悪口を書いているのを見つけてしまった。
あなたはBさんにマンガを貸した。しかしいつまでたっても返ってこない。返してほしいと伝えると，「なくした。」と言われた。
あなたは部活動の同級生の中で一人だけレギュラーに選ばれた。しかしそれ以来，同級生のSNSグループから外されてしまった。
あなたは上司に誘われた飲み会を「用事があるから。」と断った。しかしそれ以来，小さなことでも必要以上に激しく叱責されるようになった。
あなたの会社は最近従業員が退社したことで，残業や休日出勤が多くなっていた。次の休みはどうしても出勤できないことを上司に言うと，今まで以上に仕事をまわされるようになった。
あなたは大学の勉強が忙しくなって，アルバイトをやめなければならなくなった。1か月前に店長に伝え，代わりの人が見つかるまで続けたのに，最後の月の賃金が支払われないままである。

D4 要領よく上手に伝えよう

【ねらいとする能力】
• 対人関係

意義

情報を伝える時には，どのような伝え方が適切かを判断して発言を工夫することで，相手に誤解を与えることが少なくなる。情報をうまく伝えられないと，相手からの信用を得ることが難しくなる場合も考えられる。そこで，情報を相手にわかりやすく伝える方法を身につけることは意義がある。

目的

相手にわかりやすく伝えるための「伝え方のポイント」を理解する。そして，このポイントを使って上手に伝えることができるようになる。

○準備
• プリント①②

○授業概略
(1) わかりやすい伝え方を考える。
(2) 教師のモデリングを見て「伝え方のポイント」を理解する。
(3)「伝え方のポイント」を使った伝え方を練習する。

○期待される生徒の変化と反応
• どのような伝え方が適切かを考えて発言できるようになる。

伝え方のポイント
①最も伝えたい内容（結論・主張）
②理由（結論・主張にいたった理由）
③具体例（理由・主張を裏付ける例）

ユニット指導にあたって

　この授業では情報の伝え方を学ぶ。学校生活では，自分の意思を伝える場面が多く存在する。そのような場面で自分の言いたいことを適切にわかりやすく伝えるための方法を身につける必要がある。また情報を的確に伝えることは，仕事において重要な基本的スキルである。これからの多様な価値観を持つ人と協働するグローバルな社会では「以心伝心」は通用せず，わかりやすくはっきりと自分の意思を表明する必要性があることを授業の中で理解させたい。
　「伝え方のポイント」を考える際には，どのような伝え方がより相手の理解を助けるのかを生徒に考えさせるため，伝え方の違いによって相手の理解が異なることに気づかせるように指導するとよい。また，わかりやすい伝え方を身につけるためには，普段からポイントを意識して伝えることが大切だということをおさえておきたい。

場　面		教師の指示（★）と生徒の反応・行動（△）	留意点
導　入		★自分が話したことが相手にきちんと伝わっていなかった経験はありますか？ △ある／ない。〔ある場合，詳しく聞く〕	
説　明		★自分の伝えたいことを相手にきちんと伝えるのは，なかなか難しいものです。今日はわかりやすい伝え方を学びます。	
活動(1)	わかりやすい伝え方を考える。	★これからあるものの説明をします。何の説明をしているのかあててください。 ★「色は赤と白と青です。形は四角です。しましまになっています。」何の説明かわかりますか？ △わからない／何かの模様。 ★この説明には続きがあります。「これはある国の旗です。」もうわかりましたか？ △フランスの国旗（オランダ，ロシアも正解）。 ★そうですね。最初にある国の国旗だということがわかっていると，何を説明されているのか簡単に想像できます。今のように，大事な点がわかっていないと，何の説明をされてもよくわからないことがあります。わかりやすく伝えるためには，コツがいるようですね。	

活動(2)	教師のモデリングを見て「伝え方のポイント」を理解する。	★では次にある情報をみなさんに伝えます。プリント①を見てください。AとBの2種類の伝え方をしますので，よく聞いていてください。
		★〔伝え方A・Bを演じる〕どちらの伝え方がいいと思いますか？　理由も考えてください。
		△〔教師のモデリングを見て，プリント①に記入する〕
		★どちらの伝え方がいいと思いましたか？
		△B，大事なことを先に言っていたから／詳しい説明があったから／委員会がある理由がわかったから。
		★そうですね。以上のことから，相手に情報を伝える時のポイントをまとめます（ポイントを板書する）。
		
		  伝え方のポイント
		  ①最も伝えたい内容（結論・主張）
		  ②理由（結論・主張にいたった理由）
		  ③具体例（理由・主張を裏付ける例）
		
		★それでは，ポイントを使って伝え方の練習をしてみましょう。
			プリント①配布

活動(3)	「伝え方のポイント」を使った伝え方を練習する。	★プリント②を見てください。2つの場面があります。「伝え方のポイント」を使ってどのように情報を伝えたらよいか，シナリオを考えて記入してみましょう。 △〔プリント②に記入する〕 《①の解答例》 ①先生，就職試験はB社を受験します。②理由は，B社が自分の条件に合っていたからです。③休みや給料は希望通りで，資格を取るためのサポートも充実していました。従業員の方も優しかったし，食堂やジムといった施設もありました。 《②の解答例》 ①先生，明日の練習時間にミーティングをさせてください。②理由は，1年生と2年生で話し合いをしたいからです。③この前2年生が1年生の練習態度について注意をしたのですが，それ以来，1年生が練習を休みがちになりました。ミーティングでお互いに思っていることを話すことで，新人戦に向けて練習をがんばれると思います。お願いします。 ★ではペアになって，伝える役，聞き役を決めてください。役割が決まったら考えた伝え方で情報を伝えてみましょう。はじめの人が終わったら交代です。 △〔ロールプレイをする。役割を交代して繰り返す。数組前に出て発表する〕 ★発表してくれたペアの伝え方のどこがよかったですか？ △最初に最も伝えたい内容を言っていた／細かな説明があってわかりやすかった。 ★そうですね。まず最も伝えたい内容を説明してから，細かな説明ができていて，わかりやすく伝えることができていましたね。社会に出て仕事を進める上では，指示や報告，連絡，相談などの時に説明が重要です。しかし，この説明が足りない，あるいはわかりづらい場合，相手と意思疎通が図れず，仕事がうまく進まない可能性もあります。これから自分の意思や情報を伝えたりするときは，「伝え方のポイント」を意識して使ってみましょう。	プリント②配布
振り返り		★人に情報や意思をわかりやすく伝える方法を学びました。「相手が理解しやすいように話す」ことを意識して，伝え方を工夫してください。	
まとめ		★今日の学びを今後どのように活かしていきたいかを，プリント①に記入してください。	

「要領よく上手に伝えよう」①

_____ 年 _____ 組 _____ 番

氏名 _____

● どちらの伝え方がいいと思いますか？　理由も考えてみましょう。

　あきこさんとよしこさんは２組の美化委員です。今日の放課後に委員会があったのですが，あきこさんは放課後学習会があり，委員会に出席できませんでした。そこで，次の日に委員会の内容をよしこさんに聞きました。するとよしこさんが内容を教えてくれました。

【A】

> 　昨日の委員会はね，ちょっと集まりが悪くて，最初ちょっとおしゃべりしてた。しばらくして委員長の話があったよ。来月の文化祭のときは美化委員会の人は，時間を決めて校内の美化点検をするんだって。それで，クラスの発表と時間が重ならないように，役割分担するんだって。学年ごとに担当場所があるから，来週までに学年の美化委員で分担を決めてきてくださいって言ってたよ。それで，明日の昼休みに学年の美化委員で集合して決めるみたい。

【B】

> 　昨日の委員会は，文化祭での委員会活動の話だったよ。文化祭は校内の美化点検をするんだって。それで，クラスの発表時間と重ならないように役割分担をするために，明日の昼休みに学年の美化委員で集合して話し合うって。

〈あなたの答え〉　　〈理由〉

伝え方のポイント
　① 最も伝えたい内容（結論・主張）
　② 理由（結論・主張にいたった理由）
　③ 具体例（理由・主張を裏付ける例）

● 今日の学びを今後どのように活かしていきたいですか（今の気持ち）。

今日の学習について，あてはまるところに○をつけましょう

　4：とてもそう思う　3：思う　2：あまり思わない　1：まったく思わない

・「伝え方のポイント」を理解できましたか。　　　　　［　4　　3　　2　　1　］
・「伝え方のポイント」を使って情報や意思を伝えることができましたか。
　　　　　　　　　　　　　　　　　　　　　　　　　［　4　　3　　2　　1　］
・今日の学びをこれから活かしていこうと思いますか。［　4　　3　　2　　1　］

「要領よく上手に伝えよう」②

_____ 年 _____ 組 _____ 番

氏名 _____

● 「伝え方の順番のポイント」を使って伝え方（シナリオ）を考えてみよう。

① あなたは，就職を希望するＢ社に応募前職場見学に行きました。社長から会社についての説明があり，その後会社内を見学しました。Ｂ社はいろいろな資格を取るためのサポートが充実しているということでした。また休みや給料はあなたの希望通りでした。会社内においしそうな食堂やジムがあり，従業員の方も優しく話しかけてくれ，あなたはぜひＢ社に就職したいと思いました。そこで，あなたは担任の先生に，Ｂ社の就職試験を受けたいということを伝えなくてはなりません。

伝える相手	
シナリオ	①
②	
③	

② あなたはバレーボール部のキャプテンです。最近１年生と２年生の関係がぎくしゃくしていることを悩んでいました。２年生が１年生の練習態度について注意したところ，１年生が練習を休みがちになったからです。全員で練習しないと，来月の新人戦に間に合いそうもありません。そこで，練習の時間に部員全員参加のミーティングを開きたいと思いました。１年生と２年生が自分の思っていることを話すことで，わだかまりが解消するのではないかと考えたからです。そのためには，顧問の先生に明日の練習時間をミーティングに使えるようにお願いしなければなりません。

伝える相手	
シナリオ	①
②	
③	

E ストレスマネジメント

　この学習領域ではストレス対処（E1，E2）について学ぶ。高校生活は，勉強，部活動，友だち関係，進路選択と決定など，ストレスを感じることも多い。そのためストレス対処法を身につけておくことは，生徒にとって意義深い。

　まず「ストレスとうまくつきあおう」（E1）で，ストレスに関する知識を身につけ，自分に適したストレス対処法を見つけることの重要性を学ぶ。ストレス対処法にはさまざまなものがあるが，できるだけ多くの対処法を持つことがストレス対処で大切なことである。そこで，友だちがどのようなストレス対処をしているかを聞くことは，自身のストレス対処のレパートリーを広げるために有効であろう。

　次に「こころの危機に対応しよう」（E2）で，こころの危機の初期症状を知り，適切なサポート希求行動（援助を求める行動）ができるようになるとともに，こころの危機に陥った友だちへの関り方を学ぶ。また，相談できる適切な人や相談機関（サポート源という）についても学ぶ。高校生のサポート源としては，友だちが選ばれることが多い。そこで，友だちから相談を受けたときに適切に対処できることは，友だちの助けになるのはもちろんだが，自分が巻き込まれて危機的状況に陥らないためにも非常に重要である。

　これらのユニットでは，教師だけではなく養護教諭やスクールカウンセラー等と連携して実施することで，さらに実態に即した効果的な学習を行うことができるだろう。

E1 ストレスとうまくつきあおう

【ねらいとする能力】
・自己への気づき　・自己のコントロール
・生活上の問題防止のスキル

意義

ストレスは必ずしも悪いものではなく，適度にストレスを感じることで，物事に集中できたり力を発揮できたりすることがある。しかしストレスが強過ぎたり長く続いたりすると，心身の不調をきたすことになる。高校生活は，勉強，部活動，友だち関係，進路選択や決定などのストレスを感じることも多い。さらに，高校卒業後の進学先や就職先では，人間関係や仕事内容，心身の疲労などストレスを感じる機会も増える。そこでストレスに関する正しい知識を身につけ，適切なストレス対処法があることを学んで，自分に合った対処法を使えるようになることは，健康で充実した生活を送るために必要である。

目的

ストレスに関する知識を身につけ，適切なストレス対処を行う必要があることを理解する。また，ストレス対処法はいくつかのグループに分類されることを理解し，自分に適したストレス対処法を見つけて，それを有効に使うことができるようになる。

○準備
- プリント①②
- ふせん紙，ふせん紙をまとめるための台紙（模造紙など）
- リラックス法台本（教師用資料）

○授業概略
(1) 自分がどのような場面や状況でストレスを感じるのかを振り返る。また，「善玉ストレッサー」と「悪玉ストレッサー」の違いを知る。
(2) グループで話し合い，多くのストレス対処法があることに気づく。また，それらの対処法を分類し，自分が用いている対処法の傾向を知る。
(3) ストレス対処法の中から簡単な方法を試し，ストレス対処法の効果に気づく。

○期待される生徒の変化と反応
- ストレスを感じたときに，自分でコントロールできるようになる。
- いろいろなストレス対処法を使うことができるようになる。

ユニット指導にあたって

　生活する上で避けようがないストレスを自分自身でうまくコントロールすること（ストレス対処という）は，対人関係においても重要なことの一つである。

　ストレスを感じる場面やその解消法は，人によって異なるため，①「自分はどのようなことでストレスを感じるのか」（ストレス認知という），②「どのような対処法を得意としているのか」，③「自分が得意としている対処法のほかには，どのような対処法があるのか」の3点を把握し，適切にストレスマネジメントができるようになることを目標としたい。

　生徒の意見として，物にあたるなどの方法があげられることも予想される。そのような場合には，「人に迷惑をかけない」「ルールの遵守」などを確認する必要がある。なお，この授業は教科「保健」における「ストレス対処」に関する単元で行うこともできる。

場面		教師の指示（★）と生徒の反応・行動（△）	留意点
導　入		★最近ストレスがたまっている人はいますか？ △〔挙手する〕 ★結構いますね。／少ないですね。	
説　明		★今日はまず，ストレスとはどのようなものかを学びます。そして，ストレス対処法にはどのような方法があるか，自分にはどのような方法が適しているかを考えます。最後にストレス対処法を体験してみます。この学習は卒業後の生活においても，みなさんの心身の健康を守るために重要なことなので，しっかり取り組みましょう。	
活動(1)	ストレスとはどのようなものかを学ぶ。	★ストレスとはどういうものでしょうか。ストレスには2つの意味があります。最初は「ストレスを感じさせる出来事」です。これを「ストレッサー」といいます。もう1つが「ストレスを感じた結果の行動・反応」で，これを「ストレス反応」といいます。（下線部を板書する）。 ★みなさんは普段，どのような場面でストレスを感じますか？プリント①の1に記入しましょう。 △〔プリント①に記入して，発表する〕テスト前／試合前／友だちとけんかしたとき。 ★今みなさんが発表してくれたことが「ストレッサー」ですね。ストレスの原因となる「ストレッサー」には，「いつも以上の力を発揮させてくれる善玉ストレッサー」と「心身に悪い影響を与える悪玉ストレッサー」があります。 ★先ほどあがった，"友だちとけんかした"ことは，善玉ですか？悪玉ですか？試合前は？テスト前は？ △〔それぞれの質問に対して挙手する〕善玉／悪玉。 ★ストレッサーは悪玉ばかりではありません。善玉ストレッサーは，ワクワクしたりやる気を出させたりしてくれるものです。適度なストレスがあることで生活が充実します。しかし，心身に悪影響を及ぼす悪玉ストレッサーには，早めに対処していく必要があります。次は，そういったストレスに対処する方法を考えていきましょう。	プリント①配布
活動(2)	ストレス対処法を学ぶ。	★ストレス対処法には，ストレスの原因そのものに対するものもありますが，今回は，ストレスを感じた時，その気持ちにどのように対処するかを考えていきます。では，悪玉ストレッサーとなる出来事に遭遇したときは，みなさんはどうなりますか？ △イライラする／落ち着いて勉強ができない／周囲に八つ当たりする。 ★ストレスが強いと，落ち着かず集中できないことがあります。また，ストレスを長く感じていると体調が悪くなるので，ストレスを感じた時には，早めに対処することが大切です。では，みなさんはストレスを感じた時，どのように気持ちを落ち着かせていますか？自分がいつもしている気持ちを落ち着かせるためのストレス対処法を思い出して，プリント①の2に記入してみてください。 △〔プリント①の2に対処法を記入する〕 ★では，ストレス対処法についてグループで話し合ってみましょう。まず，自分のストレスの対処法を1つずつふせん紙に書いて発表します。その後グループで話し合って，他のストレス対処法がないか考えて，ふせん紙に書き出します。 △〔個人でふせん紙に記入する。その後グループで話し合い，新しい対処法をふせん紙に記入する〕運動／音楽を聞く／友だちと話す／カラオケ／ゲーム。 ★いろいろな対処法が出ましたね。それでは，グループで考えた対処法を5つの型に分類しましょう。プリント②の1を見てください。それぞれの型を説明します（説明）。では始めましょう。 △〔ふせん紙を5つの型に分ける〕 ★どのような意見が出たか発表してください。 △〔各グループから発表する〕 ★いろいろな意見が出ましたね。ストレス対処法として例えば，物を壊す，人にあたる，自分を傷つける，といったことを思いついた人がいるかもしれません。このような方法は，その時は気持ちがすっきりすることがあるかもしれませんが，やがて罪悪感や不安など嫌な気持ちになってしまいます。みなさんには，より健康的な方法で対処してもらいたいと思います。では，グループで出た意見をプリント①の3にまとめておきましょう。知っておくと，今後使えるものがあるかもしれません。 △〔プリント①の3に記入する〕 ★みなさんはどの型の対処法を一番使っていましたか？ △〔挙手〕気晴らし型／前向き思考型／協力要請型。 ★これまでに使ったことのない型の対処法もあったのではないでしょうか？いろいろな方法を使ってみて，自分に合う方法を多く持つといいですね。	ふせん紙と台紙配布 プリント②配布
活動(3)	ストレス対処法を体験する。	★最後に，いつでも簡単にできるリラックス法をやってみましょう（呼吸法，肩のリラックス法）。 △〔教師の指示で，リラックス法を試す〕 ★やってみてどうでしたか？ △リラックスできた／あまりできなかった。	教師用資料
振り返り		★今日はストレスにどのように対処するかを学習しました。対処法の中には，簡単に取り組めるものもいくつかありました。進学したり就職したりすると，人間関係や仕事内容や心身の疲労などストレスを感じる機会が増えます。そのまま放置しておくと，心身の健康に悪影響を及ぼします。そのようなときにも，今日学んだことをぜひ取り入れて早めにストレスに対処できるようになりましょう。	
まとめ		★今日の学びを今後どのように活かしていきたいかを，プリント②に書いてください。	

「ストレスとうまくつきあおう」①

_____ 年 _____ 組 _____ 番

氏名 _____

1　自分がストレスを感じる場面

① _____

② _____

③ _____

2　自分のストレス対処法

① _____

② _____

③ _____

3　それぞれの型にはどのようなものがあったか, グループで出た対処法をまとめておこう。

①原因解決型	
②感情発散型	
③前向き思考型	
④協力要請型	
⑤気晴らし型	

「ストレスとうまくつきあおう」②

_____ 年 _____ 組 _____ 番

氏名 _____

●ストレス対処法の５つの分類とその例

①【原因解決型】

　ストレスの原因に対して，自分の努力や周囲の協力を得て解決しようとする。また解決できない場合に，ストレスとなる要因を避けるような行動も含む。

　（例）相手と話し合う，SNS をやめる　など

②【感情発散型】

　怒りや不満，残念な気持ち，悲しみなどの感情を誰かに話して感情を表出し，聞いてもらうことによって気持ちを整理する。

　（例）友だちにぐちをこぼす，信頼できる人に悩みを打ち明ける　など

③【前向き思考型】

　ストレスの原因に対して，見方や発想を変えてよい方向（前向き）に考えたり，距離をおいたりする。

　（例）物事のよい面を見つける，大変なことでも自分のためになると思う　など

④【協力要請型】

　周囲にアドバイスを求めたり信頼できる人に話したりすることで，気持ちが楽になり心理的安定が得られる。

　（例）協力してくれるように周囲に頼む，家族や友だちに相談する　など

⑤【気晴らし型】

　運動や趣味などのいわゆるストレス解消法により，気分転換やリフレッシュをはかる。日々のストレスの解消に有効である。

　（例）運動，友だちと遊ぶ，ショッピング，ゆっくりお風呂に入る，音楽を聴く　など

（出所）坪井（2010）より作成。

●今日の学びを今後どのように活かしていきたいですか（今の気持ち）。

今日の学習について，あてはまるところに○をつけましょう

4：とてもそう思う　3：思う　2：あまり思わない　1：まったく思わない

・自分がどのようなことでストレスを感じるか気付くことができましたか。

[　4　　　3　　　2　　　1　]

・いろいろなストレス対処法を知ることができましたか。[　4　　　3　　　2　　　1　]

・今日の学びをこれから活かしていこうと思いますか。[　4　　　3　　　2　　　1　]

●教師用資料「ストレスとうまくつきあおう」
◆ストレスについて

〈ストレスとは〉

　外部から刺激を受けたときに生じる緊張状態のことです。外部からの刺激には，天候や騒音などの環境的要因，病気や睡眠不足などの身体的要因，不安や悩みなど心理的な要因，そして人間関係がうまくいかない，仕事が忙しいなどの社会的要因があります。つまり，日常の中で起こる様々な変化＝刺激が，ストレスの原因（ストレッサー）になるのです。進学や就職，結婚，出産といった喜ばしい出来事も変化＝刺激ですから，実はストレスの原因になります。

> 善玉ストレッサー
> 　やる気や集中力が高まり，いつも以上の力を発揮させてくれるストレッサー
> 悪玉ストレッサー
> 　腹痛や焦りを感じるなど，自分の心や体に悪い影響を与えるストレッサー

〈ストレス反応とは〉

　ストレッサーによって引き起こされるストレス反応は，心理面，身体面，行動面の3つに分けることができます。心理面でのストレス反応には，活気の低下，イライラ，不安，抑うつ（気分の落ち込み，興味・関心の低下）などがあります。身体面でのストレス反応には，体のふしぶしの痛み，頭痛，肩こり，腰痛，目の疲れ，動悸や息切れ，胃痛，食欲低下，便秘や下痢，不眠などさまざまな症状があります。また，行動面でのストレス反応には，飲酒量や喫煙量の増加，仕事でのミスや事故，ヒヤリハットの増加などがあります。

〈ストレスコーピングとは〉

　ストレスのもと（ストレッサー）にうまく対処しようとすることを，ストレスコーピングといいます。ストレスコーピングの方法は，大きく以下の2つに分けられます。
【問題焦点型コーピング】　ストレッサーそのものに働きかけて，それ自体を変化させて解決を図ろうとすること
（例：対人関係がストレッサーである場合，相手の人に直接働きかけて問題を解決する）
【情動焦点型コーピング】ストレッサーそのものに働きかけるのではなく，それに対する考え方や感じ方を変えようとすること
（例：対人関係がストレッサーである場合，それに対する自分の考え方や感じ方を変える）
　ストレッサーそのものが対処によって変化可能な場合は問題焦点型コーピングが適当で，ストレッサーが対処によっても変化可能でない場合は情動焦点型コーピングが適当であると考えられます。ストレス対処法の分類には，今回紹介したものの他にもさまざまなものがあります。

（出所）厚生労働省「知ることからはじめよう　みんなのメンタルヘルス」（https://www.mhlw.go.jp/kokoro/）。
厚生労働省「こころの耳　働く人のメンタルヘルス・サポートサイト」（https://kokoro.mhlw.go.jp/）。

◆「リラックス法」台本

---

1 呼吸法

① 身体の力を抜いたまま，おへその下あたり（丹田）に手をあて，長くゆっくりと息を吐きます。口をすぼめるようにして息を吐くと，時間をかけて息を吐くことができます。お腹の中の空気を全て吐き切るイメージをしましょう。

② 吐ききって下腹部が限界まで凹んだら，次は下腹部に空気を入れて膨らませるイメージで息を吸っていきます。このとき，できるだけ自然に鼻から空気を吸うのがポイントです。

③ めいっぱい息を吸いこんだら，3秒ほど少し息を止めて，再び息を吐いていきます。

④ 以上を5〜10分ほど繰り返し行います。

（出所）文部科学省「CLINET へようこそ」（https://www.mext.go.jp/a_menu/shotou/clarinet/main7_a2.htm）。

---

2 肩のリラックス法

① 姿勢をつくりましょう。頭からお尻にしなやかな軸をつくります。

② 両肩を上げたり，後ろに開いたり，回したりして，色々動かしてみてください。

③ 今度は，肩を上げても，開いてもいいです。肩に力をいれたまま，肘，首，足に力がはいっていないか，確かめます。

④ ストンと力をぬいて，背中はまっすぐのままです。全部力をぬいたと思っても，もう一つ力がはいっていることがあります。

⑤ 楽な休めの姿勢です。

⑥ ③〜⑤を2回繰り返す。

⑦ ③〜⑤の④の「ストン」を「ゆっくり」に変えて2回繰り返す。

（出所）「日本臨床心理士会」（https://www.ajcp.info/heart311/text/stressmanagement6.pdf）。

E2 こころの危機に対応しよう

【ねらいとする能力】
- 生活上の問題防止のスキル
- 他者への気づき
- 人生の重要事項への対処
- 自己のコントロール

意義

自分だけでは対処できないこころの危機に陥った場合には，一人で抱え込まずに適切な人や相談機関にサポートを求めること（援助希求）が大切である。適切な援助希求ができることで，自分自身のストレスマネジメントの幅を広げることができる。また友だちの援助希求に適切に対応できる力を身につけることは，よりよい人間関係の構築のために有意義である。

目的

現在起きているこころの危機，または今後起こりうる危機に対応するために，適切な援助希求行動ができるようになる。また，こころの危機に陥った友だちへ適切な関わりができるようになる。

○準備
- プリント①②③
- モデリング用台本（教師用資料）

○授業概略
（1）こころの危機のサインを知る。
（2）こころの危機に陥った自分自身や友だちへの対応の仕方を学ぶ。
（3）地域の援助機関を知る。

○期待される生徒の変化と反応
- 自分だけでは対処できないこころの危機に陥ったときに，援助を求めることができる。
- 友だちの援助希求に適切に対応できる。
- 地域の相談機関を知る。

悩みがありそうな友だちへの対応のポイント
- 友だちの異変に気づく（こころの危機の初期サイン）。
- 友だちの気持ちになって聴く。
- 意見やアドバイスはしなくてよい。

ユニット指導にあたって

　この授業では生涯にわたるメンタルヘルスの基礎を築くために，具体的かつ実践的に学ぶことで援助希求態度を促進する。またこころの危機を理解し，生徒自身にこころの危機を切り抜ける力や身近な友だちを支える手立てを身につけさせることを目指す。さらに生徒の中には，不適切なSOS（例："死にたい"というメッセージ）を発信することによって，トラブルに巻き込まれる者がいる可能性が考えられるため，適切な相談機関を知ることは非常に重要である。

　授業の留意点として，授業中の生徒の観察のため，できれば複数の教師で指導することが望ましい。また，配慮が必要な生徒（身近な人を自死で亡くした生徒や，自殺未遂，自傷行為がある生徒等）がいる場合は，授業の参加について事前に本人と保護者に確認しておくことや，授業開始時に，授業中につらくなった場合の対処法（教師にすぐに伝える，保健室に行くなど）を伝えておく。そのような生徒には，事後も丁寧に関わっていくことが大切である。このため，養護教諭やスクールカウンセラー等とティームティーチングという形で連携することも有効である。

場　面		教師の指示（★）と生徒の反応・行動（△）	留意点
導　入		★毎日の生活の中で，とてもこころが苦しいと感じたことがありますか？ △ある／ない。	
説　明		★今日はこころの危機に陥ったらどんな状態になるのか，そうなったときにはどうすればよいのか，友だちから助けを求められたらどうすればよいのかという3つのことを学びます。	
活動(1)	こころの危機のサインを知る。	★こころの不調が続くと，心身にさまざまな症状が現れます。どのような症状が現れるか知っていますか？　または体験したことがありますか？「身体症状」「感情」「行動」に分けてグループで話し合ってみてください（下線部の3つの項目と出た意見を板書する）。 △〔グループで意見交換する〕「身体症状」：食欲不振，眠れない，頭痛がする／「感情」：やる気が出ない，悲しい，つらい，イライラする／「行動」：ミスが増える，何もしたくない，欠席や遅刻が増える。 ★そうですね。このような不調は，いつでも誰にでもあることです。みなさんの意見の他にもどのような症状があるか，プリント①で確認してみましょう。 △〔プリント①を見る〕 ★こういった不調が長く続くと，こころの病気や命の危機につながる可能性もあります。ですからこのような不調には早めに対応する必要があります。次は，対応方法について学んでいきます。	プリント①配布
活動(2)	自分自身のこころの危機への対応を学ぶ。	★困ったことや悩んだときには，大人や友だちに相談したことがあると思います。一方で，相談ができなかったという経験がある人もいるかもしれません。それでは，どんな時に「相談しよう」と思い，どんな時に「相談をやめよう」と思うか，今までの経験を踏まえて考えてみましょう。 ★プリント②を見てください。最近のAさんの様子が書かれていますね。もしあなたがAさんの状況になったときに，誰かに相談するときのメリットとデメリット，また相談しないときのメリットとデメリットを考えて，プリント②の1に記入してみましょう。 △〔プリント②の1に記入する〕 ★では，記入したことをグループで話し合ってみましょう。これは個人の考え方で，正解や不正解はありませんから，相手の話を批判せずに最後までよく聞きましょう。 △〔グループで意見交換する〕 ★グループの人のいろいろな考えが聞けたと思います。では，それを踏まえて，あなたがAさんの状況になったとき，実際に相談するかどうかをプリント②の2に記入してみましょう。もしあなたが相談するのであれば，誰にどんな内容で相談するか具体的に書いてみましょう。一方で相談しないのであれば，その代わりにどうするかを書きましょう。 △〔プリント②の2に記入する〕 ★では記入したことをグループで話し合ってみましょう。ただし，誰に相談するかなどを言いたくないときは，言わなくてもいいです。他の人も無理やり言わせたりしないようにしてください。 △〔グループで意見交換する〕 ★困ったことや悩みを誰かに相談できる人もいれば，相談しない，またはできない人もいます。そのような人も，一人で抱え込まずにどこかに相談するようにしましょう。一人で考えるよりよい解決方法が見つかるはずです。では次は困っている友だちに対してできることを考えてみましょう。	プリント②配布 個人のサポート源を発表する場合は，生徒のプライバシーに十分注意する。
活動(3)	友だちのこころの危機への対応を学び，適切な相談機関を知る。	★それではプリント③を見てください。あなたはこころの危機を知らせるサインが出ている友だちから相談を受けました。今からその場面を演じてみます。〔モデリングを行う〕 ★では2人でペアになって，「説教・助言」「励ます」「気持ちを理解する」の3パターンをロールプレイしてみましょう。そして，その時の気持ちをプリント③に記入しましょう。 △〔ロールプレイを行う。役割を交代して繰り返す。プリントに記入する〕 ★どの対応をされると，こころの苦しさが軽くなりましたか？　ペアで話し合ってみてください。 △気持ちを理解してくれようとする対応がよかった。 ★友だちの話を聞いて，力になりたいけど，何て言ったらいいのかわからないことがあるかもしれません。そんな時は，ただ聴くだけでも相談した友だちのこころは楽になるでしょう。「悩みがありそうな友だちへの対応のポイント」を紹介します（ポイントを板書する）。 悩みがありそうな友だちへの対応のポイント ・友だちの異変に気づく（こころの危機の初期サイン）。 ・友だちの気持ちになって聴く。 ・意見やアドバイスはしなくてよい。 ★もし聞いた話がとても深刻で，友だちが絶望的な気持ちでいるときは，必ず信頼できる大人（保護者，教師，専門機関等）に相談することを勧めましょう。勧められると相談する決断をしやすくなるでしょう。もし友だちが大人にも相談せずに，あなたにも「誰にも言わないで」と頼まれたとしても，その友だちを守るために「あなたのことが大切だから」と伝えて，必ず大人に話しましょう。みなさんが相談できる窓口がプリント①に書いてあるので，必要な時に使えるように保管しておきましょう。	教師用資料 プリント③配布 教師が身近なサポート源の情報を調べて提供する。
振り返り		★今日は，こころの危機に陥ったときの状態，誰にでもこころが苦しいときがあること，苦しいときは誰かに相談する力を持つ，ということを学びました。一人で何とかしようとせずに周りの人に助けてもらいましょう。支えてくれる人や場所がきっとあるはずです。	
まとめ		★今日の学びを今後どのように活かしていきたいかを，プリント③に書いてください。	

「こころの危機に対応しよう」①

_____ 年 _____ 組 _____ 番

氏名 _____

1　こころの危機の初期サイン

何も食べたくない，食事がおいしくない

なかなか寝つけない，熟睡できない

夜中に何度も目が覚める

気分が沈む，憂うつ

何をするのにも元気が出ない

イライラする，怒りっぽい

理由もないのに，不安な気持ちになる

気持ちが落ち着かない

胸がどきどきする，息苦しい

ミスが増える

何度も確かめないと気がすまない

（出所）厚生労働省「知ることからはじめようみんなのメンタルヘルス」（https://www.mhlw.go.jp/kokoro/）。

2　私たちの相談窓口

【電話相談】※2021年2月現在

相談窓口	電話番号	対応時間
福岡いのちの電話	092-741-4343	24時間
福岡市こども相談センター	092-833-3000	24時間
子どもホットライン24（福岡地区）	092-641-9999	24時間
24時間子供SOSダイヤル （電話をかけた所在地の教育委員会の相談機関に接続）	0120-0-78310 ※IP電話からは接続不可	24時間

（注）使うときは，その地域のものに書き換える。

【SNSによる相談】※2021年2月現在

相談窓口	内容	対応時間
チャイルドライン支援センター	チャットによるオンライン相談 https://childline.or.jp/chat	毎週木・金，第3土曜日 16時から21時
BONDプロジェクト	10代20代女性のためのLINE相談 https://bondproject.jp LINEID:@bondproject	毎週 月・水・木・金・土 時間は要確認（月によって変更するため）

「こころの危機に対応しよう」②

_____ 年 _____ 組 _____ 番

氏名 _____

1 相談すること，相談しないことのメリットとデメリットを考えてみよう。

【最近のAさんの様子】

　Aさんは最近，食欲がなく夜もよく眠れません。気分が落ち込んで，何をするにもやる気が出ません。また，ささいなことでもイライラして，家族に八つ当たりしてしまいます。授業では集中力が続かなくなり，先生の話を聞き逃してしまうことが増えました。友だちと話をすることもめんどくさいと感じます。朝は学校に行くことがつらくて，休みたいと思う日もあります。実際に朝起きることができずに，遅刻が増えました。

(1)誰かに相談すると……

メリット （よいことがありそうだ）	デメリット （嫌なことになりそうだ）

(2)誰にも相談しないと……

メリット （よいことがありそうだ）	デメリット （嫌なことになりそうだ）

2 もしあなたがAさんだったら実際に相談しますか？　相談する人は，「誰に，どんなことを」相談するか，相談しない人は，代わりにどうするかを書きましょう。

「こころの危機に対応しよう」③

_____ 年 _____ 組 _____ 番

氏名 _____

●ロールプレイをして，あてはまる気持ちを書いたりチェックしたりしてみよう。

> A：最近元気ないね。どうしたの？
> B：……。
> A：話せることだったら話してみて。
> B：なんかさ，いろんなことがうまくいかなくて，何もかもいやになったんだ。誰も私のことを分かってくれない。もう消えてしまいたい……。
> A：〔①，②，③のセリフを言う〕

対応（Aのセリフ）		感想（Aの役） ※セリフを言ってみた気持ち	感想（Bの役） ※セリフを言われた気持ち
① 説教 助言	「そんなこと言うのはやめたほうがいいよ。大切な命だから。」		
② 励ます	「もうちょっとがんばってみたら？ゆっくり眠ったら元気になるよ。」		
③ 気持ちを理解する	「そうか，そんなにきつかったんだね。話してくれてありがとう。」		

●今日の学びを今後どのように活かしていきたいですか（今の気持ち）。

今日の学習について，あてはまるところに○をつけましょう

> 4：とてもそう思う　3：思う　2：あまり思わない　1：まったく思わない

- こころの危機を知らせるサインがわかりましたか。　　[4　　3　　2　　1]
- 悩んだときに相談する大切さがわかりましたか。　　[4　　3　　2　　1]
- 「悩みがありそうな友だちへの対応のポイント」がわかりましたか。
　　　　　　　　　　　　　　　　　　　　　　　　　　[4　　3　　2　　1]
- 今日の学びをこれから活かしていこうと思いますか。[4　　3　　2　　1]

●教師用資料「こころの危機に対応しよう」

◆モデリング用台本　　A：教師　　　B：生徒

※モデリングを行う生徒はあらかじめ決めておいてもよい。教師2名で行う方法もある。
　生徒は台本を見ながら行ってもよい。

A：今日一緒に帰ろうよ。

B：うん，そうだね……。

　（公園のベンチに座る）

A：なんか最近元気ないね。どうしたの？

B：……。

A：話せることだったら，話してみて。

B：なんかさ，いろんなことがうまくいかなくて，何もかもいやになったんだ。誰も私
　　（ぼく）のことをわかってくれない。もう消えてしまいたい……。

A：① 「そんなこと言うのはやめたほうがいいよ。大切な命だから。」

　　② 「もうちょっとがんばってみたら？　ゆっくり眠ったら元気になるよ。」

　　③ 「そうか，そんなにきつかったんだね。話してくれてありがとう。」

◆教師のモデリング後の生徒への説明

⑴ 2人1組になってA，Bの役割を決める。

⑵ Bがプリントのセリフを言ったら，Aが①～③の対応をする。

⑶ 一通り終わったら役割を交代して繰り返す。

⑷ プリント③を記入する。①～③を一つするごとに記入してもかまわない。

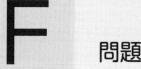

F 問題防止

　この学習領域のおもなテーマは，規範意識の向上（F1）と心身の健康（F2）である。

　まず規範意識の向上では「自分も他人も気持ちよく過ごそう」（F1）で，学校を含めた公共の場でのルールとマナーを学ぶ。すでにルールやマナーに関しては繰り返し学習を行っているだろうが，ここでは高校卒業後に社会の一員として，自発的にルールやマナーを遵守する態度を身につけることをねらいとしている。グループでの意見交流を中心に行い，生徒にしっかりと考えさせる機会にしたい。

　次に心身の健康では「健康な生活を送るために」（F2）で，生活習慣病を引き起こす要因を知り，生活習慣を正しく整える意義を学ぶ。特に高校卒業後にすぐ一人暮らしを始める生徒にとって，高校生の段階で正しく生活を整えるための知識を持ち，実行のための意欲を高めることは，生涯にわたって健康な生活を送るために意義深いと考えられる。

F1 自分も他人も気持ちよく過ごそう

【ねらいとする能力】
- 生活上の問題防止のスキル
- 責任ある意思決定

意義

高校生になると，行動範囲が広がり公共の場で行動する機会が増える。そのような場では，法律や条例といったルールを守ることに加えて，お互いが気持ちよく過ごすためのマナーを意識して行動することが必要である。さらに高校を卒業すると，社会の一員であることを自覚した行動がより求められる。よって高校生がルールやマナーの遵守について学ぶことは意義がある。

目的

ルールやマナーについて学ぶことで，それらを遵守しお互いが気持ちよく過ごすための行動への意欲を高める。

○準備
- プリント
- 教師用資料

○授業概略
(1) 公共の場での迷惑行為について考える。
(2) ルールとマナーについて学ぶ。
(3) 学校でのルールとマナーについて考える。

○期待される生徒の変化と反応
- ルールやマナーを尊重した行動ができるようになる。

ユニット指導にあたって

　この授業ではルールやマナーについて学習する。ルールやマナーは，人々が安全に，そしてお互いに気持ちよく生活していくために決められているものである。ルールは守らなければならないものだが，マナーは周囲の状況から判断し，自発的に守ろうとするものである。授業では，ルールやマナーを守ることで，自分も周囲の人も安全に気持ちよく過ごすことができることを実感させることが大切である。活動(1)のグループでの話し合いでは，D2のブレーンストーミングの考え方が活用できる。ロールプレイを行う活動(3)では，個人に対する攻撃にならないような配慮が必要である。また学校でのルールとマナーについて，出された意見を集約し，教室内に掲示したり，学級通信に載せたりすることで，全員で取り組む意欲を高めるといった方法もある。

　なお，小・中学校の「特別の教科　道徳」や，高等学校での道徳教育におけるルールやマナーの遵守についての取り扱いは，教師用資料を参照してほしい。

場　面		教師の指示（★）と生徒の反応・行動（△）	留意点
導　入		★みなさんは，「公共の場」という言葉を聞いたことがありますか？　またそれはどんなところですか？ △ある。電車やバス／市役所／駅／病院／図書館／公園／多くの人が使う場所／ない。	
説　明		★公共の場とは，「誰でも行ける，誰でもいることができる場所」だといえます。今日は，自分も他の人も気持ちよく過ごすために，公共の場で大切なことを学びましょう。	
活動(1)	公共の場での迷惑行為について考える。	★まずは公共の場での行為を考えてみましょう。プリントの1を見てください。これは，みなさんも利用する駅や電車内での迷惑行為です。それぞれの項目について，あなたが迷惑だと思う順位と，その理由を記入してください。 △〔プリントの1に記入〕 ★それでは，グループになって話し合います。まずメンバーが書いた順位を発表しあいます。それからグループでの順位を決めてください。 △〔グループになって話し合い，順位を決定する〕 ★それでは，いくつかのグループに発表してもらいます。 △〔グループの代表者が発表する〕 ★さまざまな意見が出ましたね。人によって迷惑だと思う行為は違うようです。ではこれらの迷惑行為をすると，何か罰を受けますか？ △受けない／怒られる。 ★これらの迷惑行為をしても，何か罰則があるわけではありません。しかしこれらの行為は人の気分を悪くさせたり，人を不愉快にさせたりします。ですから，公共の場ではこれらの行為をしないことが求められます。これをマナーといいます。一方，法律や条例などは，必ず守らなければなりません。これらは一般的にルールといいます。次はルールとマナーについて詳しく学びます。	プリント配布
活動(2)	ルールとマナーについて学ぶ。	★それでは，ルールやマナーがなぜ必要かを考えましょう。一般的にルールとは守らないと罰せられるものをいいます。例えば，交通ルールの違反にはどんなものがありますか？ △飲酒運転／スピード違反／信号無視／携帯電話を見ながら運転する。 ★そうですね。これらのルールを守らないとどんなことが起こりますか？ △事故が起こる／死亡する。 ★守らないと生命に危険が及ぶものには罰則が定められています。そして，逮捕されたり，反則金の支払いを求められたりします。一方，マナーとは「行儀，礼儀」ともいわれますが，みんなが気持ちよく過ごすための思いやりの行為のことです。では，交通マナーを守っていない行為にはどんなものがありますか？ △身障者用の駐車場に駐車する／駅の駐輪場に無理やり自転車をつっこむ／歩きスマホ。 ★そうですね。これらの行為をされたら，嫌な気持ちになります。マナーを守るには，他の人を思いやって，自分の行為を見直す気持ちを持つことが大切です。では，次にみなさんが生活の大部分を過ごす学校におけるルールとマナーについて考えてみましょう。	
活動(3)	学校におけるマナーとルールを考える。	★学校は公共の場です。ですから学校にもルールとマナーがあります。学校のルールは何だと思いますか？ △校則 ★そうですね。校則以外でも飲酒や喫煙といった法律で禁じられていることも学校のルールの1つです。では，学校や高校生の生活の中でのマナーとは何か考えてみましょう。今からロールプレイを通して，マナーについて考えてもらいたいと思います，プリントの2を見てください。そちらに書いてある場面について，ペアでロールプレイをします。AとBを交互にやってみて，Aさんはどのような気持ちになったか記入してください。 ★ロールプレイをしてみて，Aさんはどんな気持ちになったと思いますか？ △嫌な気持ち／腹が立った。 ★では，自分がBさんだったらどうするか考えて，プリントの3に記入しましょう。できたら交代でロールプレイをしてみましょう。 ★どういった言動を考えたか，発表をお願いします。 △〔いくつかのペアが発表する〕 ★ロールプレイをしてみて，相手の言動をどう思いましたか？ △よけてくれてありがとうという気持ちになった。 ★相手に謝るということは最低限のマナーですが，もしこのマナーを無視すると，人間関係がうまくいかなくなります。自分と自分の周りの人が，安全に気持ちよく生きていくためには，ルールやマナーを守る気持ちが必要です。高校を卒業すると，社会の一員としてルールやマナーを守ることがさらに求められます。今から意識して生活しましょう。	
振り返り		★今日は，公共の場や学校でのルールやマナーについて学習しました。みんなが安全に気持ちよく過ごせるように，自分の行動をしっかり見つめて生活していきましょう。	
まとめ		★今日の学びを今後どのように活かしていきたいかを，プリントに記入してください。	

「自分も他人も気持ちよく過ごそう」

_____ 年 _____ 組 _____ 番

氏名 _____

1　バスや電車の中の行為で，自分が迷惑だと思う順位とその理由を記入してみましょう。

項　　　　目	自分の順位	理　　　　由	グループの順位
バスや電車で座席を詰めて座らない。			
乗り降りの時，扉付近から動かない。			
混雑した車内でスマートフォンを操作する。			
ヘッドフォンから音もれしている。			
騒々しい会話をする。はしゃぎまわる。			

2　以下の場面についてロールプレイをしてみましょう。そしてAさんの気持ちを考えて記入してみましょう。

> 　Aさんがロッカーから荷物を取ろうとしたら，ロッカーの前でBさんと数人のグループが話をしていて，荷物を取ることができません。
> 　A：「荷物を取りたいからよけてくれる？」
> 　B：①（Aさんをにらんで舌打ちしてからよける）　②（無言でよける）

【Aさんはどんな気持ちだろう】

①	②

3　あなたがBさんだったらどうしますか？　セリフと行動を考えてみましょう。

●今日の学びを今後どのように活かしていきたいですか（今の気持ち）。

今日の学習について，あてはまるところに○をつけましょう

4：とてもそう思う　3：思う　2：あまり思わない　1：まったく思わない

・ルールやマナーの必要性を理解できましたか。　　　[4　　3　　2　　1]
・学校生活でのマナーを考えることができましたか。　[4　　3　　2　　1]
・今日の学びをこれから活かしていこうと思いますか。[4　　3　　2　　1]

●教師用資料「自分も他人も気持ちよく過ごそう」

◆高等学校における道徳教育

　高等学校における道徳教育は，高等学校学習指導要領（平成30年告示）において，以下のように示されています。

【道徳教育の目標（第１章第１款）】

　人間としての在り方生き方を考え，主体的な判断の下に行動し，自立した人間として他者と共によりよく生きるための基盤となる道徳性を養うこと

【道徳教育に関する配慮事項（第１章第７款）】

１　各学校においては，…道徳教育の目標を踏まえ，…全教師が協力して道徳教育を展開すること。…その際，公民科の「公共」及び「倫理」並びに特別活動が，人間としての在り方生き方に関する中核的な指導の場面であることに配慮すること。

参考：高等学校学習指導要領（平成30年告示）
　　　文部科学省教育課程部会考える道徳への転換に向けたワーキンググループ（2016），道徳教育について

◆道徳の教科化

　小・中学校では，2018年度（中学校は2019年度）より「特別の教科　道徳」が全面実施されています。

【「特別の教科　道徳」の目標】

○第１章総則の第１の２に示す道徳教育の目標に基づき，よりよく生きるための基盤となる道徳性を養うため，道徳的諸価値についての理解を基に，自己を見つめ，物事を（広い視野から）多面的・多角的に考え，自己（人間として）の生き方についての考えを深める学習を通して，道徳的な判断力，心情，実践意欲と態度を育てる。※括弧書きは中学校

【「特別の教科　道徳」の内容構成】

○道徳教育の内容として，以下の４つの視点から具体的な内容項目を提示。

　A　主として自分自身に関すること

　B　主として人との関わりに関すること

　C　主として集団や社会との関わりに関すること（下の表を参照）

　D　主として生命や自然，崇高なものとの関わりに関すること

小　学　校	中　学　校
○規則の尊重（低，中，高）	○遵法精神，公徳心
○公正，公平，社会正義（低，中，高）	○公正，公平，社会正義
○勤労，公共の精神（低，中，高）	○社会参画，公共の精神
○家族愛，家庭生活の充実（低，中，高）	○勤労
○よりよい学校生活，集団生活の充実 　（低，中，高）	○家族愛，家庭生活の充実
○伝統と文化の尊重，国や郷土を愛する態度	○よりよい学校生活，集団生活の充実
（低，中，高）	○郷土の伝統と文化の尊重，郷土を愛する態度
○国際理解，国際親善（低，中，高）	○我が国の伝統と文化の尊重，国を愛する態度
	○国際理解，国際貢献

※波線部はこのユニットに関連している項目

F2 健康な生活を送るために

意義

高校生が普段の生活の中で健康について考える機会はほとんどないと考えられる。しかし，高校生であっても，肥満・痩身，生活習慣の乱れ，メンタルヘルスの問題など，多様な健康課題が生じている。これらを引き起こす生活習慣は，成人になっても引き継がれる場合が多いことから，高校生のうちに生活習慣を正しく整える必要性を学ぶことは，生涯にわたる健康づくりにとって非常に重要である。

目的

生活習慣病を引き起こす要因を知り，健康に関わる行動を考えることで，生活習慣を正しく整えようとする意欲を高める。

○準備
• プリント①②③
• ポスター（電子ファイルについては「本書の利用方法」（p. iv）を参照）
• 教師用資料

○授業概略
(1) 生活習慣病と，予防のための生活習慣について学ぶ。
(2) 健康に関わる行動を考える。
(3) 自身の生活について見直し，今後の改善点を決めて日常の生活目標を立てる。

○期待される生徒の変化と反応
• 健康的な生活習慣を心がけるようになる。

「健康な生活習慣のポイント」の覚え方 『" 来（き）て ", " うちスイカ "』
【き】喫煙（きつえん）しない 【て】適正（てきせい）な体重 【う】運動（うんどう）をする
【ち】朝食（ちょうしょく）を食べる 【す】睡眠（すいみん）は7〜8時間
【い】飲酒（いんしゅ）は適量 【か】間食（かんしょく）を上手に楽しむ

ユニット指導にあたって

　この授業では，健康課題の中でも特に生活習慣病に焦点をあてて学習する。不健康な食行動や運動不足などの不適切な生活習慣は思春期の頃から始まり，年月を経ると改善が難しくなりより強い習慣となる。そこで高校生の時期から，現在の生活習慣が将来の健康を左右するという意識を持たせるとともに，自分の現在の生活に目を向けさせるようにする。
　生徒の理解を深めるために，教師用資料の図1，2（「主な死因の構成割合」「主な死因別に見た死亡率」）を生徒に提示することも考えられる。さらにこの授業は教科「保健」と関連させて実施することも可能である。なお，食行動などの生活習慣は家庭状況によることが多いので，生徒の生活背景を把握し，十分に配慮する必要がある。

場　面	教師の指示（★）と生徒の反応・行動（△）	留意点
導　入	★みなさんは健康な生活を送っていますか？ △送っている／送っていない。	
説　明	★今日は生活習慣から引き起こされる病気について考え，自分の生活習慣を見直していきたいと思います。	
活動(1)　生活習慣病と，予防のための生活習慣について学ぶ。	★病気はどのようなことが原因で起こると思いますか？　かぜについて自分の経験をもとにプリント①に記入しましょう。その後，近くの人と話し合ってみてください（発表された意見を板書する）。 △手洗い・うがいをしない／薄着／睡眠不足／急に寒くなった／好き嫌いをしている／運動不足／疲れている／かぜをひいている人の近くにいた。 ★これらの意見の中で，生活習慣に関わるものはありますか？ △手洗い・うがいをしない／睡眠不足／好き嫌いをしている／運動不足／疲れている。 ★そうですね。かぜは生活習慣以外にもいろいろな要因が関係しますが，おもに生活習慣が原因で引き起こされる深刻な病気は，「生活習慣病」といいます。この言葉を聞いたことがある人はいますか？ △〔挙手する〕 ★生活習慣病はいろいろありますが，特に「がん」「脳卒中」「心疾患」「糖尿病」が多くみられます。現在「生活習慣病」は大きな問題になっています。日本人の2人に1人はがんにかかり，3人に1人はがんで死亡するといわれています。また生活習慣病には，食生活，運動習慣，睡眠，ストレスなどの生活習慣が大きく関わっているといわれています。よい生活習慣が寿命に影響することもわかっています。「健康な生活習慣のポイント」は『"来（き）て"，"うちスイカ"』です（ポスターを提示する）。プリント①にも記入しておきましょう。 「健康な生活習慣のポイント」の覚え方『"来（き）て"，"うちスイカ"』 【き】喫煙（きつえん）しない　【て】適正（てきせい）な体重　【う】運動（うんどう）をする　【ち】朝食（ちょうしょく）を食べる　【す】睡眠（すいみん）は7〜8時間　【い】飲酒（いんしゅ）は適量　【か】間食（かんしょく）を上手に楽しむ ★次はある高校生の一日の食生活を見ながら，問題点と改善方法を考えてみましょう。	プリント①配布 教師用資料の図1，2を提示してもよい。 ポスター提示 適性体重や運動量は教師用資料を参照
活動(2)　健康に関わる行動を考える。	★プリント②を見てください。これはある高校生Aさんの一日です。学習した健康な生活習慣のポイント『"来（き）て"，"うちスイカ"』を参考にAさんの生活の問題点と改善点を考えて，プリント②に記入しましょう。その後，グループで意見交換してください。 △〔プリントを記入し，グループで意見交換をする。〕 ★どのような意見が出たか発表してください。 △〔グループの代表者が発表する〕 ★食事，運動，睡眠など，Aさんの生活は改善したほうがよい点が多くありましたね。では次に自分の生活を振り返り，改善点や目標を考えてみましょう。	プリント②配布
活動(3)　生活を見直し，改善点と生活目標を考える。	★まず自分の生活を振り返ってみましょう。プリント③の「健康チェック表」で確認しましょう。 △〔プリント③の「健康チェック表」に回答する〕 ★食事・運動・睡眠の順に3問ずつ回答してもらいました。「いいえ」と答えている部分は改善していかなければなりません。見直す必要がありそうな項目はありましたか？ △食生活が乱れている／運動不足／睡眠不足。 ★このような状況が長く続くと，将来生活習慣病を引き起こす可能性が高くなります。高校生の今から健康的な生活習慣を身につけておくことが大切です。また，未成年者は法律で禁止されていますが，喫煙やアルコールの取りすぎが，生活習慣病の大きな原因です。喫煙の害にはどのようなものがあるか，知っていますか？ △がん／肺の病気／ニコチン依存症／妊娠中の人は胎児に影響する／心臓病／歯周病／肌の老化。 ★そうですね。喫煙習慣のある人は，喫煙習慣のない人に比べ肺がんで死亡する確率が4〜5倍になるといわれています。また喫煙は自分だけの問題ではなく，周りの人にも悪影響を及ぼします。これを受動喫煙といいます。肺がんや心疾患，乳幼児突然死症候群などは受動喫煙との関係が明らかになっています。未成年者の喫煙は犯罪ですが，成人してからも喫煙はしないようにしましょう。では，健康な人生を送るために，今の生活の改善点と今後の目標を考えて記入しましょう。 △〔プリント③に記入する〕	プリント③配布
振り返り	★今日は，生活習慣病や健康な生活について学習しました。健康で生きていくために，高校生のうちから健康的な生活習慣を身につけましょう。	
まとめ	★今日の学びを今後どのように活かしていきたいかを，プリント①に記入してください。	

「健康な生活を送るために」①

_____ 年 _____ 組 _____ 番

氏名 _____

1 「かぜ」はどのようなことが原因でかかると思いますか。

2 健康な生活習慣のポイント 『“来（き）て”，“うちスイカ”』

「き」_____　　「す」_____

「て」_____　　「い」_____

「う」_____　　「か」_____

「ち」_____

●今日の学びを今後どのように活かしていきたいですか（今の気持ち）。

今日の学習について，あてはまるところに○をつけましょう

4：とてもそう思う　3：思う　2：あまり思わない　1：まったく思わない

• 生活習慣病について理解できましたか。　　　　　　　　[　4　　　3　　　2　　　1　]

• 「健康な生活習慣のポイント」について理解できましたか。

　　　　　　　　　　　　　　　　　　　　　　　　　　　[　4　　　3　　　2　　　1　]

• 自分の生活の改善点を考えることができましたか。　[　4　　　3　　　2　　　1　]

• 今日の学びをこれから活かしていこうと思いますか。[　4　　　3　　　2　　　1　]

「健康な生活を送るために」②

＿＿＿＿＿ 年 ＿＿＿＿＿ 組 ＿＿＿＿＿ 番

氏名 ＿＿＿＿＿＿＿＿＿＿＿＿＿＿＿＿＿＿＿

●Aさんの生活の問題点と改善点を考えてみよう。

Aさん（高校2年生）のある一日

時間	Aさんの生活
7：30	「もうこんな時間，また寝坊してしまった。」
7：45	「遅刻するから朝ごはんいらない。昨日寝る前に食べたから，あまりおなかも減ってないし。行ってきま～す。」
10：45	2時間目が終了「なんかおなか減ってきたな。こっそり持ってきたチョコレート食べよう。」
13：00	昼休み「図書館に行きたいから時間ないな。売店でパン買って食べよう。」
16：00	放課後「今日はBの家に集まって宿題するんだった。なんか，おやつ買っていこう。ポテトチップスとコーラにしよう。」
19：00	帰宅「Bの家でポテトチップス1袋食べたから，あんまりおなか減ってないな。コーラも飲んだし。晩ごはん，食べなくていいや。」
21：00	「テレビ見てたら，おなか減ってきた。なんか食べるものあるかな。あ，冷蔵庫におかずの残りがあるから食べよう」
1：00	「もうこんな時間。SNSしてたらあっという間。なんかお腹が減ったなあ。もう寝る時間だけど，お腹が減って眠れない。簡単にカップラーメン食べよう。」
1：30	「お腹も満たされたし，ゆっくり眠れそう。明日は遅刻しないように起きよう。さあ寝よ。」

問　題　点		改　善　点
	→	
	→	
	→	
	→	
	→	

「健康な生活を送るために」③

_____ 年 _____ 組 _____ 番

氏名 _____

1 健康チェック表

自分の生活を振り返り，あてはまるものに○をしましょう。

①朝ごはんを毎日食べていますか？	（　はい　・　いいえ　）
②夕食の前や夜間の間食は，あまりとらないほうですか？	（　はい　・　いいえ　）
③好き嫌いなく食べていますか？	（　はい　・　いいえ　）
④運動はよくしていますか？	（　はい　・　いいえ　）
⑤体を動かすことが好きですか？	（　はい　・　いいえ　）
⑥外に出てスポーツなどをしていますか？	（　はい　・　いいえ　）
⑦７時間以上寝ていますか？	（　はい　・　いいえ　）
⑧よく眠れますか？	（　はい　・　いいえ　）
⑨朝の目覚めはよいですか？	（　はい　・　いいえ　）
はい　　　　個	いいえ　　　　個

2 健康な人生を送るために，今の生活の改善点と今後の目標を考えて記入しましょう。

●教師用資料「健康な生活を送るために」
◆ポスターのイメージ（電子ファイルについては，「本書の利用方法」（p. iv）を参照）

◆プリント② 模範解答

問 題 点	改 善 点
就寝時刻が遅く十分な睡眠が取れていないため，朝起きることができない。 →	就寝時刻を早くし，睡眠を十分にとる。（高校生では約7時間の睡眠が適切）
朝食を食べていない。夕食の時間が遅い。 →	1日の食事のリズムを整える。間食を取りすぎない。
間食を食べすぎている。 →	間食は時間や量を考え，食事に影響がないようにする。栄養を補う間食にする。
食事の栄養バランスがよくない。 →	主食・主菜・副菜を基本に，多様な食品を組み合わせたバランスよい食事を心がける。
夜食を食べすぎている。 →	次の日の朝食に影響がないように，消化の良いものを選ぶ。

◆ BMI
　肥満度を表す指標として国際的に用いられている体格指数で，［体重（kg）］÷［身長（m）の2乗］で求められます（身長は cm ではなく m で計算します）。日本肥満学会の定めた基準では18.5未満が「低体重（やせ）」，18.5以上25未満が「普通体重」，25以上が「肥満」で，肥満はその度合いによってさらに「肥満1」から「肥満4」に分類されます。
　BMI が22になるときの体重が標準体重で，最も病気になりにくい状態であるとされています。25を超えると脂質異常症や糖尿病，高血圧などの生活習慣病のリスクが2倍以上になり，30を超えると高度な肥満としてより積極的な減量治療を要するものとされています。

（出所）厚生労働省　e－ヘルスネット。

◆健康づくりのための運動量の基準
　18～64歳の運動の基準は，「強度が3メッツ以上の運動を4メッツ・時※／週行う。具体的には，息が弾み汗をかく程度の運動を毎週60分行う」となっています。

※メッツ・時：身体活動の量を表す単位で，身体活動の強度（メッツ）に身体活動の実施
時間（時）をかけたものです。より強い身体活動ほど短い時間で１メッツ・時となります。
（例）　３メッツの身体活動を１時間行った場合：３メッツ×１時間＝３（メッツ・時）
　　　　６メッツの身体活動を30分行った場合：６メッツ×1/2時間＝３（メッツ・時）

（３メッツ以上の運動の例）
• ボウリング，社交ダンス（3.0メッツ）　• 自体重を使った軽い筋力トレーニング（3.5メッツ）
• ラジオ体操第一（4.0メッツ）　• 卓球（4.0メッツ）　• ウォーキング（4.3メッツ）
• 野球（5.0メッツ）　• ゆっくりとした平泳ぎ（5.3メッツ）　• バドミントン（5.5メッツ）
• バーベルやマシーンを使った強い筋力トレーニング（6.0メッツ）
• ゆっくりとしたジョギング（6.0メッツ）　• サッカー，スキー，スケート（7.0メッツ）
• テニスのシングルス（7.3メッツ）

（出所）厚生労働省（2013）「健康づくりのために身体活動指針2013」。

◆図１　主な死因の構成割合（2019）

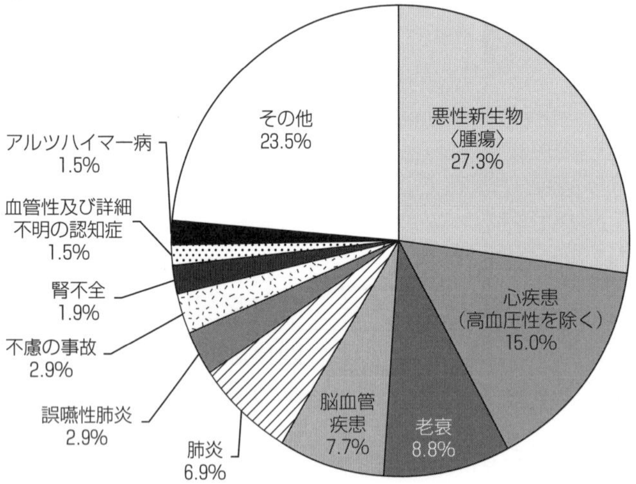

悪性新生物〈腫瘍〉 27.3%
その他 23.5%
心疾患（高血圧性を除く）15.0%
老衰 8.8%
脳血管疾患 7.7%
肺炎 6.9%
誤嚥性肺炎 2.9%
不慮の事故 2.9%
腎不全 1.9%
血管性及び詳細不明の認知症 1.5%
アルツハイマー病 1.5%

（出所）厚生労働省（2020）「令和元年（2019）人口動態統計月報年計（概数）の概況」。

◆図２　主な死因別に見た死亡率（人口10万対）の年次推移

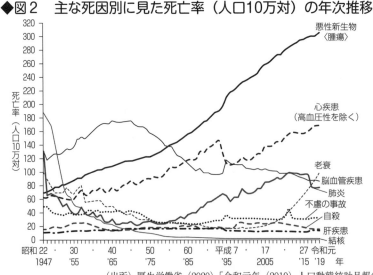

（出所）厚生労働省（2020）「令和元年（2019）人口動態統計月報年計（概数）の概況」。

◆生活習慣病とは

　生活習慣病は「食習慣，運動習慣，休養，喫煙，飲酒等の生活習慣が，その発症・進行に関与する疾患群」のことを指しており，例えば以下のような疾患が含まれるとされている。

食習慣	インスリン非依存糖尿病，肥満，高脂血症（家族性のものを除く），高尿酸血症，循環器病（先天性のものを除く），大腸がん（家族性のものを除く），歯周病等
運動習慣	インスリン非依存糖尿病，肥満，高脂血症（家族性のものを除く），高血圧症等
喫　　煙	肺扁平上皮がん，循環器病（先天性のものを除く），慢性気管支炎，肺気腫，歯周病等
飲　　酒	アルコール性肝疾患等

（出所）厚生労働省「健康寿命をのばそう！　Smart Life Project」。

◆ブレスローの７つの健康習慣

　肥満症や高血圧また糖尿病などの生活習慣病は，環境や生まれつきの遺伝的な要素にも関係しているが，食習慣・運動習慣・睡眠・ストレス・休養のとり方などの生活習慣にも大きく関わっていることが知られている。後者の生活習慣について，40年以上前に行われた研究結果から，「ブレスローの７つの健康習慣」として広く世界に知られているものがある。これは米国・カリフォルニア大学のブレスロー（Lester Breslow）教授が，生活習慣と身体的健康度（障害・疾病・症状など）との関係を調査した結果に基づいて提唱されている。そして上記の７つの健康習慣の実践の有無によって，その後の寿命に影響することがわかっている。

1.喫煙をしない

2.定期的に運動する

3.飲酒は適量を守るか、しない

4.1日7-8時間の睡眠を

5.適正体重を維持する

6.朝食を食べる

7.間食をしない

（出所）厚生労働省「e－ヘルスネット」。

G 環境変化への対応

　この学習領域のテーマは，生き方の選択と決定（G1），職業観・勤労観（G2），援助要請（G3）である。いずれもキャリア教育に関わる内容であるが，特に「働く」ということに焦点をあてた学習内容になっている。

　まず生き方の選択と決定では，「自分らしさをいかそう」（G1）で，自分のよさや長所に目を向け，その特徴をもとに自分に適した仕事について考える学習を行う。高校生の進路選択においては，将来的にどのような仕事に就くことを希望するかが大きな基準となる。よって，職業に対する理解とともに，適職を見つけるための自分のよさや個性といったことに対する自己理解を深めておくことが重要である。またこのユニットは，他者の視点を用いて自分の特徴や行動について新たな気づきを得るという点が特徴である。

　つぎに職業観・勤労観では，「何のために働くのか？」（G2）で，自分の職業に対する価値観を考えるとともに，他者の価値観と比較することでその多様性に気づくことをねらいとする。自分が持っている価値観と大きく乖離した職業を選ぶことは，望まない離職につながることもある。そこで，自分の価値観を把握することは，職業選択にあたって重要である。また，働くうえで大切にしたいこと（価値観）は人によってさまざまであることを知ることは，職業選択の幅を広げることにもつながると考えられる。

　援助要請では，「困難な状況に対処しよう」（G3）で，仕事をする上でのさまざまなリスクを考え，その対処方法を学ぶ。就職先や自分自身の事情で就労が継続できないことは，誰にでも起こりうる。そのような状況で生活困窮に陥ったときでも，対処方法を知っておくことで自分を守ることができる。このユニットは卒業が近い時期に実施することで，生徒も実感を伴って学ぶことができるであろう。

G1 自分らしさをいかそう

【ねらいとする能力】
• 人生の重要事項に対処する能力
• 自己への気づき

意義

生徒が将来どのような人生を送りたいかという自分の生き方を考えるには、まず自分自身を知り、自分の潜在的能力を見出すことから始める必要がある。高校生の進路選択においては、さまざまな職業についての理解とともに、このような自分のよさや個性といったことに対する自己理解を深めておくことが重要になる。そこで、自分自身を見つめ、自分の資源（リソース）を見出だすことは、将来を見通し、自分の人生を考えるライフプランニングの第一歩となる。

目的

自分のよさや長所に目を向け、自己理解を深める。そして、自分の特徴をもとに、自分の将来や進路について考える。

○準備
• プリント①②③（プリント①は一人につき2枚）
• 教師用資料

○授業概略
(1) 本人から見た自分の特徴や興味について考える。また、グループの友だちの特徴や興味について考える。
(2) 本人と他者の両方から見た自分の特徴や興味をグループで話し合い、自己理解を深める。
(3) 将来の夢や仕事、進路について考える。

○期待される生徒の変化と反応
• 自分の特徴や興味を理解できるようになる。
• 将来の職業について考えられるようになる。

ユニット指導にあたって

　この授業では、自分のよさや個性を理解し、将来の職業に対する夢や目標を持つことをねらいとする。高等学校で職業に関する自己理解のためのツール（例：職業レディネステスト〔VRT〕）を使う場合は、個人活動であることが多い。一方、このユニットは自己チェックの結果をグループで話し合うことを重視しており、他者の視点を用いて自分の特徴や興味について新たな気づきを得るという点が特徴である。また、この学習をきっかけに家族との対話を促すことも可能である。

　高校におけるキャリア教育では、4つの基礎的・汎用的能力（人間関係形成・社会形成能力、自己理解・自己管理能力、課題対応能力、キャリアプランニング能力）を身につけることが目標であるとされており、この授業は特に自己理解・自己管理能力の育成につなげることができる。さらに、生徒相互の関わりを尊重し、グループワークを取り入れることで、人間関係形成・社会形成能力にもつなぐことができる。4つの基礎的・汎用的能力については、教師用資料を参照されたい。

　ペアやグループで活動するときに、人間関係が希薄な者同士である場合、活発に話し合いが進まないことも考えられるため、生徒の状況によっては配慮が必要である。また、自己開示が難しい生徒には、グループ編成を工夫したり、事前に学習内容を知らせておくといった配慮が求められる。

場　面		教師の指示（★）と生徒の反応・行動（△）	留意点
導　入		★みなさんは自分の得意なことや長所を言うことができますか？ △運動が得意／絵がうまい／特にない。	
説　明		★自分の得意なことや長所を理解しておくことは，将来のことを考えていくときにとても大切です。今日は，自分の得意なことや長所を考え，どんな仕事が合うのか考えてみましょう。	
活動(1)	チェックシートを記入する。	★ではプリント①を見てください。まずタイトルの括弧に「私」と書きましょう。そして，書かれている項目を読んで「はい」か「いいえ」で答えましょう。 △〔プリント①にチェックを入れる〕 ★今度は周りの人からあなたの特徴を見てもらいます。新しいプリント①のタイトルの括弧に自分の名前を書きましょう。そしてペアの人にプリントを渡して，その人から見たあなたについて，「はい」か「いいえ」でチェックしてもらいましょう。記入する人はよくわからないところがあっても本人に質問したりせず，想像で答えてください。では始めてください。 △〔もう１枚のプリント①にチェックを入れる。〕 ★では，プリントを本人に返してください。 △〔プリントを本人に返す〕 ★このチェックシートは，学校生活の「運動」「芸術」「対人関係」「学習」の４分野について尋ねていました。それぞれの分野で６つの質問があります。今からプリント②を配るので，各分野で「はい」と答えた数を，プリント①の２枚を見ながら記入してください。 △〔プリント②に「はい」の数を記入する〕 ★次は，プリント②をもとに，自分や友だちの得意なことや長所や興味について話し合います。	プリント①を２枚ずつ配布 ２人組を作る プリント②配布
活動(2)	自分や友だちの特徴や興味についてグループで話し合う。	★それでは，プリント②の「はい」の数を見てどんなことを思ったか，グループで話し合いましょう。話し合いの方法を説明します。まず自分の「はい」の数と友だちの「はい」の数を比べて，気づいたことや感想を言います。グループの友だちは，その発表を聞いて思ったことを言います。その時には，発表者のいいところや得意分野があれば教えてあげましょう。発表者はグループの友だちからもらった意見を，プリント②に記入しておきましょう。１人の発表者について話し合いが一段落したら，次の発表者に交代してください。 △〔１人ずつ発表して，話し合う〕 ★話し合いでいろいろな意見が出たと思いますが，どんなことを教えてもらいましたか？ △絵は苦手と思っていたけど，上手だと言ってくれた／自分では人見知りだと思っていたけど，話しやすい人だと言ってくれた。 ★自分では苦手だと思っていることでも，周りの人から見ると，上手だと思われていることもあります。また，自分が思っていることと違う印象を，人に与えていることもあります。自分が思っていなかったことを友だちから気づかせてもらえた人は，どんな気持ちになりましたか？ △思っていなかったことだったので驚いた／うれしかった。 ★チェックを確認することで，自分の得意なことや興味を持っていることを確認するきっかけになったと思います。また，自分が気づいていなかったよさを周りの人から教えてもらった人もいるかもしれません。次は，自分の得意なことや興味が，どんな仕事につながるのか考えてみましょう。	４人組を作る
活動(3)	将来の夢や進路について考える。	★自分の得意なことや興味があることを理解できたところで，次は仕事について考えてみましょう。社会にはどのような職業があるか，プリント③を見てください。 △〔プリント③を確認する〕 ★たくさんの職業がありますね。その中から，今までの活動でわかった自分の得意なことや，興味のあることを活かせる職業を探してみましょう。自分が得意なことを活かした職業につくことも１つの考え方ですね。また，今みなさんが希望している職業と比べてみてください。 △〔プリント②の３を記入する〕 ★自分に向いている職業となりたい職業が同じや似ている人もいれば，違った人もいるでしょう。社会にはたくさんの職業がありますから，今日わかったことを職業選択の参考にするとよいでしょう。 ★次に，将来希望する職業に就くためには，今の生活で何をしたらよいかを考えて，具体的にできることを記入しましょう。 △〔プリント②の４を記入する〕 ★記入したことを発表してくれる人はいますか？ △テストをがんばって成績を上げる／部活動で成績を残す／学校を休まない。 ★将来の目標を達成するために，今何ができるかを考えてがんばることが大切ですね。自分のよさを発揮できる職業につくことを目標にしている人もいれば，そうでない人もいます。また，まだ決まっていないという人もいるでしょう。３年生の１学期には，高校卒業後の進路を決定しなければなりません。この進路選択は，将来の人生につながる大変重要なものです。後悔しない選択をするためには，今からしっかり考えていくことが必要です。また，家族とも相談してみてください。	プリント③配布
振り返り		★今日は自分のよさや興味のあること，職業とのつながりについて学習しました。これからも将来についてしっかり考えていきましょう。	
ま と め		★今日の学びをどのように活かしていきたいかを，プリント②に記入しましょう。	

「自分らしさをいかそう」①

_____ 年 _____ 組 _____ 番

氏名 _____

「_____ さん」のいいところ探し

運動	文化祭より体育大会が楽しみだ。	はい いいえ	運動部に所属している。	はい いいえ
	体育の授業が好きだ。	はい いいえ	ストレスがたまったとき，運動をしたいと思う。	はい いいえ
	体育の授業や部活動以外で，ランニングや筋トレなどの運動をすることがある。	はい いいえ	野球やサッカーなどのスポーツの試合を観戦するのが好きだ。	はい いいえ
芸術	体育大会より文化祭が楽しみだ。	はい いいえ	文化部に所属している。	はい いいえ
	音楽，美術，書道などの芸術の授業が好きだ。	はい いいえ	ストレスがたまったとき，音楽を聞いたり，絵を描いたり鑑賞したりする。	はい いいえ
	芸術に関して興味がある。	はい いいえ	展覧会やコンサートに行くことがある。	はい いいえ
対人関係	クラスメイト全員と話をしたことがある。	はい いいえ	人と話をすることが好きだ。	はい いいえ
	クラスメイトや部活動の仲間以外に話をする友だちがいる。	はい いいえ	自分から積極的に声をかけて友だちになるほうだ。	はい いいえ
	別の学校に通う友だちがいる。	はい いいえ	悩みを相談できる友だちがいる。	はい いいえ
学習	学校の勉強が楽しいと思うことがある。	はい いいえ	ほぼ毎日，家庭学習をしている。	はい いいえ
	得意科目や，授業が楽しみな科目がある。	はい いいえ	将来なりたい職業やはっきりとした目標がある。	はい いいえ
	テストの後，答案が返ってくる前に自主的に復習をしている。	はい いいえ	授業でわからないことは，すぐに解決するようにしている。	はい いいえ

「自分らしさをいかそう」②

_____ 年 _____ 組 _____ 番

氏名 _____

1 プリント①の「はい」の数

	運　動	芸　術	対人関係	学　習
自 分	／6	／6	／6	／6
友だち	／6	／6	／6	／6

2 友だちに言われて気づいた自分の特徴（得意なことや興味）を記入しましょう。

3 プリント③を見て，自分の得意なことや興味を活かせる職業を探して書いてみましょう。

・現在希望している職業と比べてどうでしたか？　　　同じ・似ている　　　　違う
・違った人は，新しく見つけた職業に興味がわきましたか？　　はい　　　いいえ

4 今の生活でできることを考えて，記入しましょう。

●今日の学びを今後どのように活かしていきたいですか（今の気持ち）。

今日の学習について，あてはまるところに○をつけましょう

4：とてもそう思う　3：思う　2：あまり思わない　1：まったく思わない

・自分の得意なことや興味に気づくことができましたか。[　4　　　3　　　2　　　1　]
・自分に適した職業を考えることができましたか。　　　[　4　　　3　　　2　　　1　]
・授業には積極的に参加できましたか。　　　　　　　　[　4　　　3　　　2　　　1　]
・今日の学びをこれから活かしていこうと思いますか。[　4　　　3　　　2　　　1　]

「自分らしさをいかそう」③

_____ 年 _____ 組 _____ 番

氏名 _____

分 野	職 業
スポーツや遊びに関係する職業	【スポーツ】プロ選手，スポーツインストラクター，スポーツトレーナー，スポーツメーカーで働く 【アウトドア】冒険家・探検家，ネイチャーガイド，レンジャー，バスプロ 【旅行】ツアーコンダクター，海外現地ガイド，日本語教師 【乗り物】パイロット，バス運転手，電車運転士，自動車整備士，トラック運転手 【メカ】エンジニア，溶接工，カメラマン，電気工事士，CAD技術者
芸術や表現に関係する職業	【音楽・絵・デザイン】歌手，ミュージシャン，声楽家，楽器の先生，音響エンジニア，画家，漫画家，CGクリエイター，イラストレーター，グラフィックデザイナー 【文章】作家，俳人，ライター，新聞記者，編集者，ゲームプランナー 【ダンス】バレーダンサー，バックダンサー，ミュージカルダンサー，レッスンプロ，ダンスインストラクター，ミュージカルダンサー 【映画・テレビ・ラジオ】映画監督，映画プロデューサー，俳優，映像技師，映画字幕翻訳，映画配給会社で働く，アナウンサー，タレント，お笑い芸人，声優，放送作家，ラジオパーソナリティ，放送技術者 【ステージ】舞台俳優，劇団員，舞台監督，演出家，舞台美術，落語家，漫才師，サーカス団員，マジシャン，イベントスタッフ
生活と社会に関係する職業	【心】臨床心理士，スクールカウンセラー，セラピスト，僧侶，神主，神父・牧師 【料理】料理人，菓子職人，茶道家，バーテンダー，ソムリエ，管理栄養士，飲食店経営 【家・インテリア】大工，建築家，インテリアコーディネーター，建設業で働く 【ファッション】デザイナー，モデル，テーラー，スタイリスト，理美容師，ネイルアーティスト，メイクアップアーティスト，エステティシャン，ブライダルスタイリスト 【人の役に立つ】政治家，公務員，入国警備官，弁護士，教師，保育士，警察官，海上保安官，消防隊員，介護福祉士，社会福祉士，児童指導員 【サービス・販売】ホテルスタッフ，客室乗務員，グランドスタッフ，秘書，葬祭業，ショップスタッフ，バイヤー，営業
自然と科学に関する職業	【植物】フラワーアレンジメント，庭師，華道家，フローリスト（花屋），植木職人 【動物・虫】動物看護士，獣医師，動物園の飼育係，トリマー，盲導犬訓練士，ペットショップスタッフ，害虫駆除，クワガタ養殖 【人体】医師，看護師，薬剤師，理学療法士，作業療法士，歯科衛生士，歯科技工士，柔道整復師，医療事務 【自然】気象予報士，潜水士，船員，漁師，農家，花火師，宇宙飛行士 【算数・数学】金融業界で働く，税理士，公認会計士，経理スタッフ，システムエンジニア，プログラマー

（出所）村上龍（2010）『新13歳のハローワーク』幻冬舎，より作成。

●教師用資料「自分らしさをいかそう」

◆基礎的・汎用的能力

　中央教育審議会答申「今後の学校教育におけるキャリア教育・職業教育の在り方について」（2011）では，キャリア教育で育成を図るべき能力として4つの能力をあげています。

能　力	説　明	具体的要素
人間関係形成・社会形成能力	多様な他者の考えや立場を理解し，相手の意見を聴いて自分の考えを正確に伝えることができるとともに，自分の置かれている状況を受け止め，役割を果たしつつ他者と協力・協働して社会に参画し，今後の社会を積極的に形成することができる力	他者の個性を理解する力，他者に働きかける力，コミュニケーション・スキル，チームワーク，リーダーシップ
自己理解・自己管理能力	自分が「できること」「意義を感じること」「したいこと」について，社会との相互関係を保ちつつ，今後の自分自身の可能性を含めた肯定的な理解に基づき主体的に行動すると同時に，自らの思考や感情を律し，かつ，今後の成長のために進んで学ぼうとする力	自己の役割の理解，前向きに考える力，自己の動機付け，忍耐力，ストレスマネジメント，主体的行動
課題対応能力	仕事をする上での様々な課題を発見・分析し，適切な計画を立ててその課題を処理し，解決することができる力	情報の理解・選択・処理等，本質の理解，原因の追究，課題発見，計画立案，実行力，評価・改善
キャリアプランニング能力	「働くこと」の意義を理解し，自らが果たすべき様々な立場や役割との関連を踏まえて「働くこと」を位置付け，多様な生き方に関する様々な情報を適切に取捨選択・活用しながら，自ら主体的に判断してキャリアを形成していく力	学ぶこと・働くことの意義や役割の理解，多様性の理解，将来設計，選択，行動と改善

（出所）中央教育審議会（2011）「今後の学校におけるキャリア教育・職業教育の在り方について」。

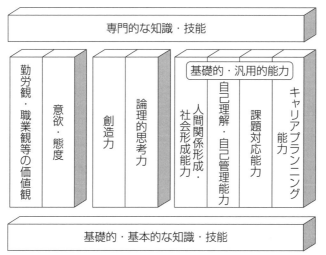

図　社会的・職業的自立への円滑な移行に必要な要素
　（出所）中央教育審議会（2011）「今後の学校におけるキャリア教育・職業教育の在り方について」。

G2 何のために働くのか？

意義

「働くこと」とは，「自分の力を発揮して社会に貢献すること」であり，人は「働くこと」によって社会と関わりを持つ。そしてその関わり方が生き方に大きく関係する。そこで，生徒一人一人が働くことや職業についての価値や意義を考えることは，生徒の社会的・職業的自立に不可欠である。さらに，就職後の離職・失業など，社会に出た後に訪れるかもしれない事態に対応するためにも，自らの職業観や勤労観に気づいておくことが重要である。

目的

自分の職業に対する価値観を考える。また友だちの職業に対する価値観と比較することで，価値観の多様性に気づく。

○準備
　・プリント①②③
　・教師用資料

○授業概略
　(1) 個人で職業に対する価値について考え，順位をつける。
　(2) グループで話し合い，さまざまな考えがあることを知る。
　(3) 社会で活躍する人の職業に対する考えを読み，自分の価値観を再検討する。

○期待される生徒の変化と反応
　・進路について自ら考えることができるようになる。
　・適切な職業観・勤労観を身につけることができる。

ユニット指導にあたって

　2011年の中央教育審議会答申「今後の学校におけるキャリア教育・職業教育の在り方について」によると，キャリア教育とは，「一人一人の社会的・職業的自立に向け，必要な基盤となる能力や態度を育てることを通して，キャリア発達を促す教育」とされている。答申では，子どもたちが将来就きたい仕事や，自分の将来のために学習を行う意識が国際的に見て低く，働くことの不安を抱えたまま職業に就き，適応に難しさを感じている状況があることを指摘している。さらに職業人としての基本的な能力の低下や，職業意識・職業観の未熟さ，進路意識や目的意識が希薄なまま進学する者の増加など，「社会的・職業的自立」に向けて，さまざまな課題が見受けられることも述べられている。

　このような状況において，学校教育が果たす役割は重要であり，特に社会人・職業人としての自立が迫られる時期である高校においては，生徒が自らの職業観・勤労観を形成・確立できるような取り組みが必要である。

　プリント③の資料については，生徒の興味や関心に応じて内容を変更することもできる。また，インターンシップ等と関連づけて学習することで，より生徒の理解を深めることができる。

場　面		教師の指示（★）と生徒の反応・行動（△）	留意点
導　入		★みなさんは，将来なりたい職業が決まっていますか？ △決まっている／まだ決まっていない／迷っている。	
説　明		★高校卒業後に進学を考えている人もいますが，就職を希望している人もいます。進学する人も，上級学校卒業後は働くことになります。今日は「私たちは何のために働くのか」について考えてみたいと思います。	
活動(1)	個人で職業に対する価値を考え，順位をつける。	★みなさんは，何のために働きますか？ △お金をかせぐため／生活するため／わからない。 ★それでは，働くことの価値について考えてみたいと思います。プリント①を見てください。まず1に自分が興味・関心がある職業を書きましょう。なりたい職業が決まっている人は，それを書いてください。 △〔プリント①の1に記入する〕 ★次に2を見てください。ここには，働くうえで大切にしたい価値が書いてあります。自分が働くにあたって大切だと考える順に，番号をつけてください。また，その理由もあわせて考えてください。 △〔プリント①の2に記入する〕 ★では，1に書いた職業に就いたと考えた場合，2で順位をつけたあなたが大切にしたい価値は達成されるでしょうか？ △される／されない／わからない。 ★働くにあたっては，自分が何を大切にするかをよく考え，それを達成できる職業を選ぶ必要があります。それが，仕事が合わずに早期に離職してしまうことを防ぐことにもつながります。 ★内閣府の世論調査によると，19歳〜29歳の若者は，他の年代に比べ，「お金を得るために働く」と答えた人が少なく，「自分の才能や能力を発揮するために働く」「生きがいをみつけるために働く」と答えた人が多いという結果が出ています〔教師用資料参照〕。みなさんはどうでしたか？ ★では，他の人が何を大切に思っているかを知るために，グループで意見交換を行います。	プリント①配布 教師用資料の図1を提示してもよい。
活動(2)	グループで話し合い，さまざまな考えがあることを知る。	★まず，グループでの話し合いの方法について説明します。最初にそれぞれが，自分の順位と，そのように順位をつけた理由を発表します。そして，全員の意見をプリント②にまとめてください。 ★全員の発表が終わったら，質問の時間を取ります。質問をするときは，個別に話すのではなく「○○さんに質問します。□□についてなぜそのように思ったのですか？」というように，全員で共有できるようにしてください。では始めてください。 〔様子を見て，質問の時間に移る声かけをする〕 △〔それぞれが自分の順位とその理由を発表する。その後，質問を行う〕 ★では，グループの意見を聞いて，気づいたことや考えたことをプリント②に書いてください。書いたことを発表してくれる人はいますか？ △いろいろな考え方があった／○○が1位という意見が多かった／○○は順位が低かった。 ★人によっていろいろな意見がありましたね。それでは，次に現在社会で活躍している人がどのような考えを持って仕事をしているかを学びましょう。	プリント②配布
活動(3)	社会で活躍する人の職業に対する考えを読み，自分の価値観を再検討する。	★プリント③を見てください。社会で活躍している人の職業に対する考え方が書いてあります。では読んでみましょう。 △〔プリント③を読む〕 ★グループの人の意見を聞いたり，プリント③を読んだりして，最初に自分が考えた順位が変わりましたか？　変わったかどうか考えて，プリント①の変更後の順位の欄に記入しましょう。 △〔プリント①に記入する〕 ★変わった人，変わらなかった人がいると思いますが，どちらだったのかとその理由について発表してくれる人はいますか？ △変わった。人の意見を聞いて納得したから／変わらなかった。自分が一番大切なものは変わらないから。 ★働く目的や意義は人それぞれです。そして1つではありません。同じ職業の人でも違いますし，違う職業の人で，同じ目的を持っている人もいます。大切なことはさまざまな考えを持っている人がいて，その意見も大切にしながら，協力して働いていくことですね。	プリント③配布
振り返り		★今日は「何のために働くのか」というテーマで，働くときに大切にしたいことを考えました。これから将来の職業を決めていくにあたって，ぜひ思いだして参考にしてください。	
まとめ		★今日の学びを今後どう活かしていきたいかを，プリント②に記入してください。	

「何のために働くのか？」①

_____ 年 _____ 組 _____ 番

氏名 _____

1　今，自分が興味・関心がある職業を1つあげてみましょう。

2　働くうえで大切だと思うことについて，以下の表の9項目に順位をつけ，その理由を記入しましょう。

項　目	内　　　　容	順　位	順位をつけた理由	変更した順位
社会貢献	社会や人のために役に立つこと			
自己実現	やりたいことや生きがいを見つけること			
経済	高い収入を得ること			
安定	会社の倒産やリストラなどの心配がないこと			
人間関係	仕事を通して親しい人間関係を作ること			
名誉	仕事を通して地位や名誉を得ること			
環境	仕事の場所や環境が快適なこと			
休暇	休暇が十分にとれること			
創造	自分のアイデアや発想が活かせること			

「何のために働くのか？」②

_____ 年 _____ 組 _____ 番

氏名 _____

●グループの他の人の意見をまとめよう。

	自分	さん	さん	さん	さん	さん
1位						
2位						
3位						
4位						
5位						
6位						
7位						
8位						
9位						

メンバーの意見を聞いて，気づいたことや考えたことなどを書きましょう

●今日の学びを今後どのように活かしていきたいですか（今の気持ち）。

今日の学習について，あてはまるところに○をつけましょう

4：とてもそう思う　3：思う　2：あまり思わない　1：まったく思わない

・働くことについて自分がどんなことに価値をおいているか，考えることができましたか。

[4　　3　　2　　1]

・働くことについてのさまざまな価値観を理解できましたか。

[4　　3　　2　　1]

・今日の学びをこれから活かしていこうと思いますか。　[4　　3　　2　　1]

「何のために働くのか？」③

_____ 年 _____ 組 _____ 番

氏名 _____

三浦雄一郎

　大学時代は獣医学を学び，卒業後は母校で助手として勤務しましたが，1年で辞めました。スキーの日本代表としてオリンピックに出たいという子どものころからの夢に懸けたからです。ところが，青森県の代表枠を巡ってスキー連盟の方針に異議を唱えたことからアマチュア選手の資格を奪われ，オリンピックどころか，国内の大会にも出場できなくなってしまったんです。オリンピック代表の道は閉ざされ，大学に戻ることもできない。夢をあきらめようとは思いませんでしたが，足がかりもなく，先の見えない日々が数年続きました。そんな時に，アメリカで開催された第1回世界プロスキー選手権大会（1961年）を報じた新聞記事を読み，「コレだ」と。「日本一にはなれなくても，世界一にはなれる」と発奮。資金をかき集めて翌年のプロスキー選手権大会に参加。世界の強豪選手たちと競い，なんとか8位に食い込みました。でも，世界一にはまだ遠い。次に目をつけたのがイタリアのキロメーターランセ。直滑降でスピードを競う競技で，過去に日本人の出場者はいませんでした。出場にあたっては，ただトレーニングをするだけでは自分に勝ち目はないと考えました。そこで，科学の力を利用しようと思い立ち，防衛庁航空研究所にかけあって空気抵抗の少ないウェアを開発。時速172.084キロメートルの世界新記録（当時）を達成しました。その後も，エベレストからのパラシュート直滑降，世界七大陸最高峰のスキー滑降，世界最高齢のエベレスト登頂と常に新しいことに挑戦してきました。よく「なぜ命を懸けて冒険をするのですか？」と問われますが，好奇心があるからです。記録の樹立を目指すというよりは，誰もやったことのない，新しいアイデアを形にしていくことが面白くてそのときどきの自分のベストを尽くしてきました。それは「冒険」に限りません。僕は20代前半で結婚して妻子がいましたから，30代前半まで山での荷物運びやスキースクールのインストラクター，スポーツ用品会社の営業などの仕事で食いつなぎました。生活の糧にと始めた仕事ですが，それぞれやりがいがありましたよ。スポーツ用品会社では営業成績はトップクラスでした。どこに飛び込んでも，自分の与えられた仕事に夢中になって，ベストを尽くす。マニュアルのようなものがあったとしても，それを超えるものがあるんじゃないかと想像し，やってみる。そういう姿勢で仕事をした方が退屈しないしマンネリに陥りません。仕事というのは自分のオリジナルのものが見つかれば，意欲がまったく変わってきますよ。

　1932年，青森県生まれ。56年，北海道大学獣医学部卒業後，同大学の助手として1年間勤務。1964年，急勾配の斜面を滑り降り時速を競うスキー競技であるイタリア・キロメーターランセに日本人として初めて参加，時速172.084キロという当時の世界新記録樹立。1985年世界七大陸最高峰のスキー滑降を完全達成。2013年に80歳7カ月で3度目のエベレスト登頂〔世界最高年齢登頂記録更新〕を果たす。

（出所）就職ジャーナル「仕事とは？」から抜粋。

●教師用資料「何のために働くのか？」
◆働く目的は何か

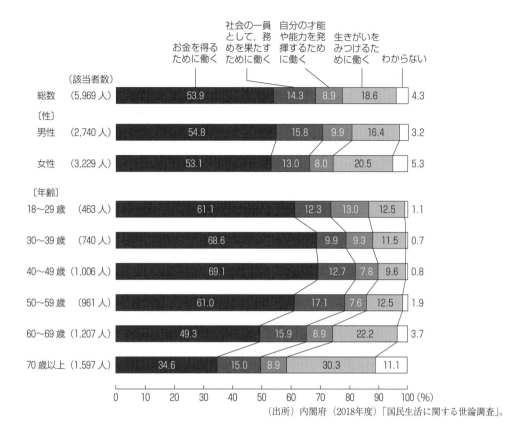

（出所）内閣府（2018年度）「国民生活に関する世論調査」。

　19歳〜29歳の若者は，他の年代に比べ，「お金を得るために働く」と答えた人が少なく，「自分の才能や能力を発揮するために働く」「生きがいをみつけるために働く」と答えた人が多い。

◆ 「職業観・勤労観」とは

> 「職業観・勤労観」は，職業や勤労についての知識・理解及びそれらが人生で果たす意義や役割についての個々人の認識であり，職業・勤労に関する見方・考え方，態度等を内容とする価値観である。その意味で，職業・勤労を媒体とした人生観ともいうべきものであって，人が職業や勤労を通してどのような生き方を選択するのかの基準となり，また，その後の生活によりよく適応するための基盤となるものである。

（出所）国立教育政策研究所生徒指導研究センター（2002）「児童生徒の職業観・勤労観を育む教育の推進について」。

◆　プリント③については他の資料を使用してもよい。新聞やインターネット等の資料を活用できる。

　　（例）・毎日新聞朝刊『ひと』　　・朝日新聞朝刊『ひと』　　など

G3 困難な状況に対処しよう

【ねらいとする能力】
• 人生の重要事態に対処する能力
• 生活上の問題防止のスキル　• 責任ある意思決定

意義

人口減少や，グローバル化，また人工知能，ロボット，IoT などのイノベーションの登場により，わが国の今後の労働環境は大きく変化していくことが予想されている。そのため就職後の離職・失業など，将来起こり得る人生上のリスクへ対応できる能力は不可欠となる。そこで，生活設計に関して考え，また困難な状況での対処方法や，生活困窮時のセーフティネットについての知識をもつことは，これから社会に出ていく高校生にとって重要である。

目的

自分で生活設計できる力を身につける大切さを理解する。また，仕事上のさまざまなリスクを知り，困難な状況での対処方法や生活困窮時のセーフティネットについて知る。

○準備
• プリント①②③　•（あれば）電卓
• ポスター（電子ファイルについては「本書の利用方法」（p. iv）を参照）
• 教師用資料

○授業概略
(1) 高校卒業後の社会人1年目の1か月の収支をシミュレーションする。
(2) 仕事上のさまざまなリスクを考え，困難な状況に陥ったときの対処方法を理解する。
(3) 生活困窮時のセーフティネットについて理解する。

○期待される生徒の変化と反応
• 生活の中で起こるさまざまな困った状況に対処できるようになる。
• 将来の生活設計を立てることや，社会保障制度の重要性を理解できるようになる。

「困難な状況への対処のポイント」の覚え方『困ったときの"さ・し・す・せ・そ"』
【さ】〔情報を〕探（さが）そう　【し】〔必要な支援を〕知（し）ろう
【す】ストレスに対処しよう　【せ】絶望（ぜつぼう）せずに前向きにいこう
【そ】相談（そうだん）しよう

ユニット指導にあたって

　高校卒業後に就職する生徒の中には，仕事についての相談相手となる社会人のネットワークに乏しく，適切な相談相手が身近にいない者もいる。このような現状から，失業や離職・休職といった仕事上のリスクを知り，生活困窮に陥った場合のセーフティネット（相談先）について知ることができるように，できるだけ現実的なデータを使ってシミュレーションするように構成してある。活動(1)をていねいに行うと，時間が不足することが考えられる。その場合は，学習時間を追加するなどして対応してほしい。特に，相談窓口の情報はしっかりおさえておきたい。

　日本の社会保障制度については，教師用資料を参考にしてほしい。ストレス対処については，E1「ストレスとうまくつきあおう」，E2「SOS の出し方を知ろう」と関連させることができる。また，金銭管理については，A2「お金を大切に」でも扱う。教科では，公民科（科目「公共」），家庭科（科目「家庭基礎」等）などで取り扱う。

場　面		教師の指示（★）と生徒の反応・行動（△）	留意点
導　入		★みなさんが高校卒業後すぐに就職した場合，初任給はどのくらいか知っていますか？ △15万円／20万円／わからない。	
説　明		★社会人になると，自分の収入で生活していくことになります。今日は生活に必要なお金について考えてみましょう。また，働けなくなった時のことについても考えてみましょう。	
活動(1)	高卒1年目の1か月の収支をシミュレーションする。	★みなさんが高校を卒業して就職するときに，一人暮らしを始めるとして考えましょう。生活するうえでどのくらいの金額が必要か，リストの項目について考えてＡの欄に記入してみましょう。 △〔プリント①に記入する〕 ★実際の高校卒業後の給料は2019（令和元）年の調査で167,400円です。そこから税金等を引かれた手取りを139,000円とします。それでは，この金額をプリントに記入して，もう一度1か月の支出を考えてみましょう。今回はＢの欄に記入してみましょう。 △〔プリント①に記入する〕 ★ＡとＢを記入してみて，気がついたところを隣同士で話し合ってみましょう。 △〔ペアで意見交換する。〕最初に考えていた金額では，1か月の手取りでは足りなかった／考えていたより自由に使えるお金が少なかった／節約しないと生活できないと思った。 ★生活していくにはお金がかかります。自分の収入に見合った生活をすることが大切ですね。次は，仕事をする上でのリスク（危険が生じる可能性）を考えてみましょう。	プリント①配布
活動(2)	仕事上でのさまざまなリスクを考え，困難な状況に陥ったときの対処方法を理解する。	★就職して仕事をしていく中で，仕事を続けられない事態が起こる可能性があります。いったいどんなことが起こると，仕事を続けられなくなると思いますか？　グループで話し合ってみましょう。 △〔グループで話し合う〕会社が倒産した／リストラされた／自分が病気になった／人間関係が悪くなった／結婚した／妊娠した／家族の介護が必要になった。 ★人生の中には，さまざまな理由で仕事を続けるのが難しい時期があるかもしれません。私たちの生活には，誰でも病気やけが，失業などによって生活が困難になるリスクがあります。そのような事態が起こった場合はどうしたらよいでしょうか？　では，働けなくなったというような「困難な状況への対処のポイント」をまとめます。覚え方は『困ったときの"さ・し・す・せ・そ"』です（ポスターを提示する）。プリント②にも記入しておきましょう。 「困難な状況への対処のポイント」の覚え方『困ったときの"さ・し・す・せ・そ"』 【さ】〔情報を〕探（さが）そう　【し】〔必要な支援を〕知（し）ろう　【す】ストレスに対処しよう 【せ】絶望（ぜつぼう）せずに前向きにいこう　【そ】相談（そうだん）しよう ★では，このポイントを使って，もし働けなくなったらどのように対処するか考えてみましょう。	プリント②配布 ポスター提示
活動(3)	生活困窮時のセーフティネットについて理解する。	★1番目のポイント【さ】〔情報を〕探そうです。情報を探すにはどのような方法があると思いますか？　プリント②に記入してみてください。思いつかなかったら近くの人と話し合ってもいいです。 △〔プリント②に記入する〕インターネット／人に聞く／市役所（などの行政機関）。 ★そうですね。いろいろありますが，まずハローワークに相談するのがよいでしょう。ハローワークは各地域にあり，仕事に関する相談や紹介をする機関です。インターネットも便利ですが，正しい情報かそうでないかをしっかり見極める必要があります。 ★2番目のポイント【し】〔必要な支援を〕知ろうです。では，働けなくなって生活に困ったときには，どのような支援を受けることができると思いますか？　プリント②に記入してみてください。 △〔プリント②に記入する〕生活費の援助／けがをした時の治療費／仕事の紹介。 ★そうですね。例として，働けなくなったときの社会保障制度として労災保険と雇用保険があります。このような制度によって，働けなくなった時の収入が保障されています。仕事を探すときは，このような制度が整備されている会社かどうかの確認が必要ですね。プリント②に記入しておきましょう。 ★3番目のポイント【す】ストレスに対処しようです。前にストレス対処について学習しましたが，覚えていますか？　ではプリント②にあなたのストレス対処法を書いてみてください。 △〔プリント②に記入する〕リラックスする／スポーツで発散／友だちと話す／髪型を変える。 ★困難な状況ではストレスが増加し，心身に悪影響を及ぼす可能性があります。自分にあったストレスの対処方法を持つことが大切でしたね。もう一度前の学習内容を見直してみてください。 ★4番目のポイントは【せ】絶望（ぜつぼう）せずに前向きにいこうです。困難な状況が続くと気持ちが落ち込んでしまうことは，みなさんもよくあると思います。しかし，『困ったときの"さ・し・す・せ・そ"』を思い出して行動していけば，必ず解決の糸口は見えてきます。 ★最後のポイントは【そ】相談しようです。みなさんは困ったときはどのような人に相談しますか？ △〔プリント②に記入する〕友だち／家族／先生。 ★そうですね。相談する人がいることは大切なことです。一人で抱え込まずに相談しましょう。そのときに問題を解決できる専門家に相談することも大切です。プリント③には相談できる窓口が書いてあります。必要なときは確認できるようにしておくとよいでしょう。	自分が記入していない意見や説明は記入しておくように言う。 プリント③配布
振り返り		★今日は一人暮らしに必要なお金を考えたり，仕事でのリスクに対処する方法を学んだりしました。何か問題が起こったときは，「困難な状況への対処のポイント」を思い出して，一人で抱え込まずに，信頼できる人や公的な機関に相談することが大切です。	
ま と め		★今日の学びを今後どう活かしていきたいかを，プリント②に記入してください。	

「困難な状況に対処しよう」①

_____年 _____組 _____番

氏名 _____

●一人暮らしのシミュレーションをしてみよう。

(1) 一人暮らしには1か月にどのくらいお金が必要か考えてみよう。

項目	A　まず自分が考えた金額	B　再び考えた金額
食　料	円	円
住　居 （家賃・地代・修繕費）	円	円
光熱・水道 （電気・ガス・水道）	円	円
家具・家事用品 （家具・寝具・家事雑貨）	円	円
被服および履物	円	円
保健医療 （医薬品・医療費）	円	円
交通・通信 （自動車関係・通信）	円	円
教　育	円	円
教養娯楽 （書籍・娯楽用品・宿泊）	円	円
その他の消費支出 （理美容・交際費）	円	円
合　計	円	円

(2) 高校卒業後の初任給はどれくらいでしょう

給与額	手取り
円	円

（出所）厚生労働省「令和元年賃金構造基本統計調査」より。

「困難な状況に対処しよう」②

_____ 年 _____ 組 _____ 番

氏名 _____

1 困難な状況への対処法のポイント 『困ったときの"さ・し・す・せ・そ"』

「さ」_____   「し」_____

「す」_____   「せ」_____

「そ」_____

2 働けなくなったときの対処法を考えてみよう

【さ】どんなところで情報を探す？	【す】あなたのストレス対処法は？
【し】受けられる支援は何かな？	○〔　　　　　　　　　〕：仕事中のけがや病気で働けなくなった時に給付金が支払われる制度 ○〔　　　　　　　　　〕：事業者や自分の都合で失業したときに給付金が支払われる制度
【そ】どんな人やどんなところに相談する？	

● 今日の学びを今後どのように活かしていきたいですか（今の気持ち）。

今日の学習について，あてはまるところに○をつけましょう

4：とてもそう思う　3：思う　2：あまり思わない　1：まったく思わない

・一人暮らしのやりくりについて考えることができましたか。

[4　　3　　2　　1]

・「困難な状況への対処のポイント」を理解できましたか。

[4　　3　　2　　1]

・今日の学びをこれから活かしていこうと思いますか。[4　　3　　2　　1]

「困難な状況に対処しよう」③

_____ 年 _____ 組 _____ 番

氏名 _____

●私たちの相談窓口

相談窓口	電話番号・住所	対応時間	どんな場所か
ハローワーク （公共職業安定所）	福岡市中央区赤坂1-6-19 ☎092-712-8609	8：30〜 17：15 （月〜金）	職業相談，職業紹介・指導，職業能力開発促進センターへの入校支援，雇用保険の給付
福岡若者サポートステーション	福岡市中央区天神1-4-2 エルガーラオフィスビル11階 ☎092-739-3405	10：00〜 17：00 （月〜土）	働くことに悩みを抱えている15歳〜39歳までの若者に対し，専門的な相談，コミュニケーション訓練，就労体験などにより，就労に向けた支援を行う。
福岡県若者就職支援サポートセンター	福岡市中央区天神1-4-2エルガーラオフィス12階 ☎092-720-8830	10：00〜 18：00 （月〜金） 10：00〜 17：00 （土日祝）	おおむね39歳までの若者を対象に，個別就職相談をはじめ，セミナーや会社説明会など多彩な支援メニューを用意し，将来に向けた進路選択や，その後の就職活動・職場定着までを支援している。
福岡労働局総合労働相談コーナー	福岡市博多区博多駅東2-11-1　福岡合同庁舎新館4階 ☎092-411-4764	8：30〜 17：15 （月〜金）	職場のトラブル（解雇，雇止め，配置転換，賃金の引下げ，募集・採用，いじめ・嫌がらせ，パワハラ）に関する相談や，解決のための情報提供
労働条件相談ほっとライン	☎0120-811-610	17：00〜 22：00 （月〜金） 9：00〜 21：00 （土日祝）	労働条件について，平日夜間，土日・祝日に無料で電話相談できる。

※使うときはその地域のものに書き換える。

●ポスターのイメージ

困難な状況への対処のポイント

困ったときの

さ・し・す・せ・そ

さ
〔情報を〕
探そう

し
〔必要な支援を〕
知ろう

す
ストレスに
対処しよう

せ
絶望せずに
前向きに
いこう

そ
相談しよう

●教師用資料「困難な状況に対処しよう」

◆プリント②解答例

② 働けなくなったときの対処法を考えてみよう

【さ】どんなところで情報を探す？	【す】あなたのストレス対処法は？
ハローワーク（新しい仕事がないか） 求人サイト（新しい仕事がないか） 市役所・区役所・役場（生活費の支援が受けられないか）	
【し】受けられる支援は何かな？	○〔 労災保険 〕：仕事中のけがや病気で働けなくなった時に給付金が支払われる制度
生活費の支援 新しい仕事を見つけるための支援 けがをしたときの治療費の保障	○〔 雇用保険 〕：事業者や自分の都合で失業したときに給付金が支払われる制度

◆労働保険制度

　労働保険とは，労働者災害補償保険（一般に「労災保険」といいます。）と雇用保険とを総称した言葉です。

(1)労災保険制度

　労災保険制度は，労働者の業務上の事由または通勤による労働者の傷病等に対して必要な保険給付を行い，あわせて被災労働者の社会復帰の促進等の事業を行う制度です。その費用は，原則として事業主の負担する保険料によってまかなわれています。

　労災保険は，原則として一人でも労働者を使用する事業は，業種の規模の如何を問わず，すべてに適用されます。なお，労災保険における労働者とは，「職業の種類を問わず，事業に使用される者で，賃金を支払われる者」をいい，労働者であればアルバイトやパートタイマー等の雇用形態は関係ありません。

(2)雇用保険制度

　雇用保険制度は，労働者の生活及び雇用の安定と就職の促進のために，失業者や教育訓練を受ける者等に対して，失業等給付を支給する制度です。また，失業の予防，雇用状態の是正及び雇用機会の増大，労働者の能力の開発及び向上その他労働者の福祉の増進等をはかるための二事業（雇用安定事業，能力開発事業）を行っています。保険料は，事業主と労働者の双方で負担します。雇用保険（基本手当）は，退職すれば必ず受けられる保険ではなく，一定の受給要件を満たした場合にのみ受給することができます。

（出所）厚生労働省 HP　https://www.mhlw.go.jp/index.html。

◆年間収入階級別の１か月あたりの消費支出（単身世帯） 　　　（単位：円）

	項目	年収100万円 〜200万円	年収200万円 〜300万円	年収300万円 〜400万円	年収400万円 〜500万円
消費支出	食料	31,399	39,835	43,072	44,701
	住居	12,092	18,792	24,948	34,106
	光熱・水道	11,766	12,446	11,071	10,757
	家具・家事用品	4,504	5,734	5,230	5,702
	被服及び履物	3,418	5,229	6,331	6,813
	保健医療	6,798	8,368	8,165	7,183
	交通・通信	11,646	18,349	25,227	29,227
	教育	0	42	0	0
	教養娯楽	11.391	19,148	19,537	22,225
	その他の消費支出	21,390	32,788	31,285	36,220
合　計		114,404	160,732	174,867	196,936

（出所）総務省家計調査2019年「年間収入階級別１世帯当たり１か月の収入と支出（単身世帯）」。

◆離職理由別離職の状況

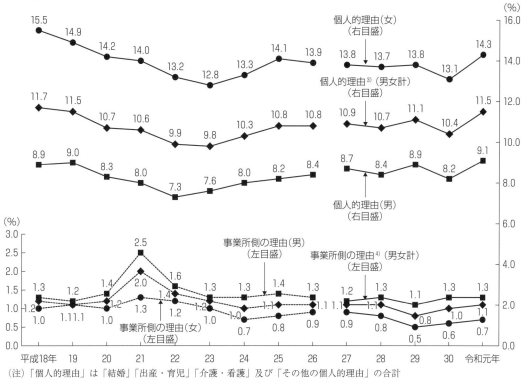

（注）「個人的理由」は「結婚」「出産・育児」「介護・看護」及び「その他の個人的理由」の合計
　　　「事業者側の理由」は「経営上の都合」「出向」及び「出向元への復帰」の合計
（出所）厚生労働省（2020）「令和元年度雇用動向調査結果の概況」。

　令和元年の離職率を離職理由別かつ男女別にみると，「個人的理由」によるものは，男性9.1％，女性は14.3％であった。女性のほうが離職率が高く，この理由としては結婚・出産・育児・介護等の影響が考えられる。

H ボランティア

　この学習領域では，地域でのボランティア（H1）と街中でのボランティア（H2）について学ぶ。ボランティアは他者のためだけではなく，自己成長の場でもあることを学ぶことで，ボランティアに参加する意識を高めることができる。

　「地域でのボランティア」（H1）は，学校の取り組みとしてボランティア活動やボランティア体験学習を行っている場合は，その活動や学習と関連させることができる。また，ボランティア活動を行って終わりではなく振り返りの時間を持つことで，生徒の経験の質を深めることができるであろう。特に地域との連携や地域への貢献を重視する学校であれば，重要な学びである。

　「ちょっとした声かけ」（H2）では，街中や交通機関などで手助けが必要な人に援助を行うスキルを学ぶ。実際に手助けが必要な人がいても，どうすればよいかわからなかったりして手助けできない生徒もいるだろう。通学に公共交通機関を利用している生徒が多い場合は，この学習は具体的な声かけの方法を身につけるといったところで意義深い。さらに，この学習によって行動に移すことができれば，生徒はいつでも手助けできるという自信と実践力を得ることができると思われる。

H1 地域でのボランティア

意義

都市化や核家族化，少子化等の進展により地域の連帯感，人間関係の希薄化が進み，個人が主体的にコミュニティのために活動することは少なくなっている。このような社会状況の中で，個人が地域社会で行うボランティア活動やNPOの活動などを進めていくことは，主体的な学習の契機や社会参加の場を提供し，よりよい社会を創ることにつながる。また生徒がさまざまな人や社会と直接触れあう機会を充実させることにより，豊かな人間性や社会性を育む機会ともなる。

目的

ボランティアは，さまざまな経験や人との出会いを通して，自己を成長させる活動であることを理解する。また地域のボランティア活動に参加するための知識を学び，参加する（あるいは，参加を希望する）ボランティア活動を決定する。

○準備
- プリント①②③
- 地域のボランティア活動一覧（学校で準備）
- 教師用資料
- ボランティア活動報告書（必要に応じて学校で準備）

○授業概略
  (1) ボランティアの意味を知る。
  (2) 地域で行われているボランティアを知る。
  (3) ボランティア活動の心構えを知り，自分たちにできる地域でのボランティアを決定する。

○期待される生徒の変化と反応
  - 人の役に立つことを進んで行うようになる。
  - 地域の一員としてできることをするようになる。

ユニット指導にあたって

　ボランティアというと，どこか負担の大きい活動という印象を受けるが，ボランティアは他者のためだけではなく，自己成長の場でもあることを学ぶことで，ボランティアに参加する意識を高めることができる。また生徒が，自分の生活する地域にも多種多様なボランティア活動があることを知ることで，ボランティアに参加する抵抗感を和らげることができる。

　指導にあたって，指導者は地域の諸活動や参加できる行事の有無など，地域の実態を踏まえておく必要がある。また，活動参加にあたっては，保護者の理解を求める必要がある。生徒がボランティア活動に参加する場合は，活動中の事故によるけがや損害賠償責任に備えてボランティア保険への加入を検討する。

　ボランティアを行った後は，活動の振り返りを行い各々の体験を共有する場を設けることで，体験の効果が高まると思われる。また，活動報告書を記入すると，さらに学びが深まると思われるので，必要な場合は各校で準備してほしい。

		教師の指示（★）と生徒の反応・行動（△）	留意点
	導　入	★「ボランティア」といえば，どんなことを思い浮かべますか（意見を板書する）？ △高齢者施設の訪問／街頭募金／災害被災地での活動／森や海の清掃活動／リサイクル活動 ／国際ボランティア（青年海外協力隊など）。	
	説　明	★今日はボランティア活動の心構えを学びます。またどのようなボランティア活動があるか を知り，自分が参加したい活動を考えます。	
活動(1)	ボランティアの意味を知る。	★みなさんはボランティアをしたことがありますか？　したことがある人は，どのような活 動に参加しましたか？ △ある／ない。ゴミ拾い／募金／リサイクル。 ★「ボランティア」とはどのような活動だと思いますか？ △奉仕活動／お金をもらわない活動。 ★「ボランティア」には3つの性質があります。1つ目は「自主性（主体性）」です。ボラ ンティアは強制や義務で行うのではなく，個人の自由意思で行う活動だということです。 2つ目は「社会性（連帯性）」です。ボランティアは自分の満足のためだけではなく，「誰 かのため」「社会のため」に行う活動だということです。3つ目は「無償性（無給性）」で す。ボランティアは経済的な報酬を求める活動ではなく，出会いや発見，感動や喜びを得 る活動だということです（下線部を板書する）。 ★こうした活動を通してどのようなことを学ぶのでしょうか。ここで，実際にボランティア をして学んだことについての作文を紹介します。 △〔プリント①を読む〕 ★この作文を読んでどう思いましたか？　プリント②に記入しましょう。 △〔プリント②の1に感想を記入し，発表する〕 ★この作文を書いた人は，ボランティア活動での多様な人との交流を通して，人の役に立つ 喜びを感じたり，将来の自分の姿について考えたりすることができたようですね。みなさ んもボランティア活動をすることで，学校生活にはない出会いがあったり，さまざまなこ とを考えるきっかけになったりするかもしれません。	教師用資料 プリント①②配布
活動(2)	地域のボランティア活動を知る。	★普段はあまり意識していないかもしれませんが，みなさんは地域の人から多くの恩恵を受 けて生活しています。みなさんの地域でのボランティア活動にはどのようなものがあると 思いますか？　グループで話し合い，プリント②の2に記入してみましょう。 △〔グループで話し合いプリント②の2に記入する〕 △回覧板／地域清掃／ごみ収集日の仕分け／お祭りの運営。 ★ボランティア活動にはさまざまなものがあります。まずは，やってみたいことから始めて みましょう。プリント②の3の表を見て，興味ある活動をチェックしてみましょう。 △〔プリント②の3に記入する〕	
活動(3)	ボランティア活動の心構えを知り，実施するボランティア活動を決定する。	★では実際にボランティア活動を行う場合に気をつけたいポイントが，5つあります。プリ ント③を見てください。 〔プリント③の5つのポイントを説明する。保険については，個人で活動する場合には必 ず加入することを伝える〕 ★それでは自分がやってみたいボランティアを決めましょう。ボランティア活動の一覧を配 布しますので，それを見てやってみたいボランティアをプリント③に記入してください。 △〔ボランティア活動一覧を見て，やってみたい活動を記入する〕 ★もし個人でボランティア活動に参加したい場合は，どのような活動があるのか情報収集が 必要です。情報収集にはインターネットが便利です。地域の社会福祉協議会のHPなど が活用できます。	プリント③配布 ボランティア活動一覧配布
	振り返り	★今日は地域でどんなボランティア活動が行われているかを知り，ボランティア活動の心構 えを学びました。実際に活動するときに，ぜひ思い出してください。 ★ボランティアを行った後は，活動報告書を提出してください。	ボランティア活動報告書（必要に応じて準備）
	まとめ	★今日の授業での学びをどのように活かしていきたいか，プリント③に記入してください。	

「地域でのボランティア」①

_____ 年 _____ 組 _____ 番

氏名 _____

●同年代の高校生は，ボランティア活動を通してどんなことを考えたのだろう

「あなたと生きる」　　岩手県立高等学校3年　吉田 亜耶香

　私の母は，看護師の職に就いている。そのため，母の勤める病院で患者さんに会う機会が多い。患者さんと会話している母を見ると人との関わりは素晴らしいことだなと改めて感じさせられる。人は，一人では生きていけない，誰かの助けがあって生きていけるのだ。

　…（略）…

　中学生になり私は，老人ホームへ行き，ボランティアと職員の仕事の内容を学ぶ体験をした。高齢者の方と歌を一緒に歌うという企画で，歌を歌っていると，目に涙を浮かべて笑顔で歌っているお婆さんが見えた。私は，お婆さんの笑顔を見て，今日この場所に来れてよかったと思った。笑顔は人との繋がりの一部なのだと学んだ。私は，以前，母に「看護師のやりがいは何か」と聞いた際，母は「患者さんの笑顔を見る度に，やりがいを感じる」と答えていた。私は，母が常日頃感じている思いを感じることが出来て，とても嬉しかった。

　高校生になった私は，ボランティア活動に参加した。そのボランティアは，障害者の方との関係を深めるという内容だった。私は，障害者の方との関係を深めることは出来るのかと思い不安と緊張感を抱いていた。交流場所に到着し，実際に会ってみたが，やはり私は，「怖い」という感情を抱いてしまった。この，ボランティア活動には，私の部活の先輩も参加しており，先輩は笑顔で「大丈夫」と言って私をリードしてくれた。私は，本当に駄目な人間だと思い，自分を責めていた。すると，一人の障害者の方が私の腕をしっかり掴み，正常に歩けない体を，一歩一歩踏ん張り，歩こうとする姿を見て，私は感銘を受けた。私は，頼りにされていると分かったときに嬉しさと「怖い」と思った感情に対し，申し訳ない気持ちでいっぱいで，涙が出そうになった。しかし，障害者の方の笑顔で私も自然と笑顔になっていった。笑顔は，人を助けるための一番の治療法ではないのだろうかと思った。……（略）

　私は，将来，人の役に立てる職業に就きたいと考えている。医療福祉の現場で学んだことは，人と人とが支え合い，共に助け合っていくことが重要だということだ。共に生きていくためには，相手を信じることも大事な要素である。母から学んだことを活かして，次は私が，医療福祉の現場を担う一員になれるよう，これからに繋げていきたい。そして，尊敬している母のような立派な人を目指すために，人の役に立ち，誰からも好かれ，笑顔を絶やさないような人でありたいと思う。

（出所）共に生きる社会を目指して　高校生作文コンテスト（主催 国際医療福祉大学・毎日新聞社，後援 文部科学省）2010年度優秀賞作文。（一部改変）

「地域でのボランティア」②

_____ 年 _____ 組 _____ 番

氏名 _____

1 作文を読んで考えたことを書きましょう

2 地域でのボランティアにはどのようなものがあるか考えて記入しましょう

☐ _____   ☐ _____

☐ _____   ☐ _____

3 興味のある活動をチェックしてみましょう ☑

高齢者や障害者が対象の活動		子どもや青少年対象の活動	
・福祉施設での活動，レクリエーション		・子どもとの遊び，学習サポート	
・点訳・音訳・手話・朗読		・障がい児の野外活動のサポート	
自然や環境を守るための活動		芸術・文化的な活動	
・地域の清掃，山や海岸の清掃		・美術館や博物館での案内	
・リサイクル活動や動物愛護		・伝統文化の継承，まち歩きガイド	
1日から参加できる活動		趣味や特技をいかす活動	
・夏祭りや敬老会のお手伝い		・福祉施設での音楽や園芸活動	
・マラソン大会や運動会のスタッフ		・園芸やパソコン，手芸などの指導	
災害で被災した方への支援活動		安心・安全なまちづくり	
・家屋の片づけや被災者との交流		・住民の交流を目的としたサロン	
・物資の仕分けや募金活動		・防災活動，パトロール	
地域における助け合い活動		その他の活動	
・高齢者いきいきサロン		・国際交流・国際協力の活動	
・子育てサロン		・家でできる活動（収集，リサイクル）	
・見守りや配食サービス		・街頭募金活動，共同募金	

「地域でのボランティア」③

_____ 年 _____ 組 _____ 番

氏名 _____

1　ボランティアの心構え

• 活動を行う際に気をつけたい５つのポイント

①　相手や関係者の立場を尊重しましょう。

　ボランティア活動では，さまざまな立場や思いの人たちが，さまざまな役割で関わります。相手を尊重し，よきパートナーとして活動しましょう。

②　約束やルールを守りましょう。

　活動には多くの人が関わっています。まわりの人に迷惑がかからないよう，約束やルールは必ず守りましょう。

③　プライバシーを守りましょう。

　相手との会話や質問内容には十分配慮が必要です。また，活動を通して知った個人の情報などの秘密を守ることも大切です。

④　無理せずできることに取り組みましょう。

　何事も無理をしないことが大切です。最初からたくさんのことをしようとせず，余裕をもってできることから始めましょう。

⑤　保険に加入しましょう。

　活動中に事故が起こることもあります。万が一の備えとして，ボランティア保険に加入しましょう。

2　地域の活動一覧を見て，あなたがやってみたいボランティアを記入しましょう

```



```

●今日の学びを今後どのように活かしていきたいですか（今の気持ち）。

```



```

今日の学習について，あてはまるところに○をつけましょう

4：とてもそう思う　3：思う　2：あまり思わない　1：まったく思わない

• ボランティアに参加する意義は理解できましたか。　　[　4　　　3　　　2　　　1　]
• ボランティアの心構えを理解できましたか。　　　　　[　4　　　3　　　2　　　1　]
• 参加したいボランティアが決定しましたか。　　　　　[　4　　　3　　　2　　　1　]
• 今日の学びをこれから活かしていこうと思いますか。　[　4　　　3　　　2　　　1　]

●教師用資料「地域でのボランティア」

◆ボランティアの3つの性質

自主性（主体性）	強制や義務で行うのではなく，個人の自由意思で行う活動
社会性（連帯性）	自分の満足のためだけではなく，「誰かのため」「社会のため」に行う活動
無償性（無給性）	経済的な報酬を求める活動ではなく，出会いや発見，感動や喜びを得る活動

※ボランティア活動を行い，実費や交通費等の金銭を得る活動を「有償ボランティア」と呼ぶ例もある。

◆〈資料データ〉

子どもの頃の「地域活動」が豊富な人ほど，成人になって「意欲・関心」が高い傾向がみられます。

「地域活動」
- 子どもの頃，地域清掃に参加したこと
- 子どもの頃，地域の祭りに参加したこと
- 子どもの頃，電車やバスでお年寄りや体の不自由な方に席をゆずったこと
- 子どもの頃，近所の小さい子どもと遊んであげたこと

「意欲・関心」
- 経験のないことには何でもチャレンジしてみたい。
- もっと深く学んでみたいことがある。
- なんでも最後までやり遂げたい。
- わからないことはそのままにしないで調べたい。

〔「地域活動」と「意欲・関心」の関係〕

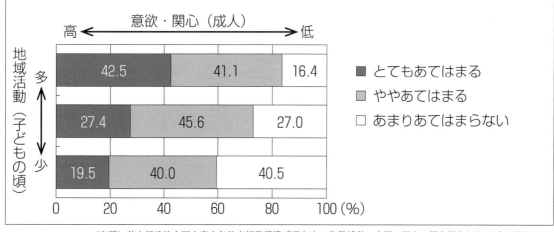

（出所）独立行政法人国立青少年教育振興機構「子どもの体験活動の実態に関する研究調査」（2010年10月）より。

H2 ちょっとした声かけ

【ねらいとする能力】
• 積極的，貢献的な奉仕活動

意義

障害のある人は，日常生活や社会生活の中で，不便や困難を感じていることが多い。しかし，周囲の人の理解やサポートがあれば，それらをあまり感じることなく生活することができる。また障害がなくても，体調が悪かったり，普段と違う状況だったりするなど困難さを感じることは誰にでもある。そこで，困っている人に声をかけ，手助けをしようとする態度を身につけることは，これからの共生社会を生きていく高校生にとって意義がある。

目的

街中や交通機関の中などで，手助けが必要な人に，適切に声をかけて援助を行うことができるようになる。

○準備
  • プリント①②
  • ポスター（電子ファイルについては「本書の利用方法」（p. iv）を参照）
  • モデリング用台本（教師用資料）

○授業概略
  (1) 街中や交通機関の中などで，誰がどのような場面で手助けを必要としているのかを考え，援助のポイントを理解する。
  (2) 教師のモデリングを見て，適切な声かけの方法を考える。
  (3) ロールプレイを行い，適切な声かけの方法を身につける。

○期待される生徒の変化と反応
  • 手助けが必要な人に，適切に声をかけて援助を行うことができるようになる。

「援助のポイント」の覚え方 『困っている人がいたら "いなり" の声かけ』
【い】〔援助の〕意思（いし）の確認　　【な】〔援助〕内容（ないよう）の確認
【り】理解（りかい）した援助内容の再確認

ユニット指導にあたって

　この授業では，手助けが必要な人への適切な声かけの方法について学ぶ。公益財団法人交通エコロジー・モビリティ財団の調査では，鉄道やバスで困っている人を見かけた時の対応で多かったものは，「時間があれば声かけ・手助けする」「相手から声をかけられたら，手助けする」「特になにもしない」であった。こうした状況では，「断られたらどうしよう」「本当に困っているのだろうか」など，声をかけることに消極的になってしまうものである。しかし，まずは声をかけてみるという姿勢が大切であり，その際，相手を尊重し，マナーを守って声をかけるように指導する。また，活動(3)のロールプレイを行うことで，実際の場面でも声かけができるスキルを身につけることができる。ロールプレイの例として公共の場面をあげているが，学校生活の中でも困っている人に対して行動できるように，関連づけた指導をするとよい。

		教師の指示（★）と生徒の反応・行動（△）	留意点
導　入		★電車やバスで席をゆずったことがある人はいますか？ △ある／ない／ゆずろうとしたら断られた。 ★ゆずったことがある人は，席をゆずるとき何と言ってゆずりましたか？ △「どうぞ」といった／何も言わずに席を立った。	
説　明		★今日は街中や交通機関の中などで，手助けが必要な人にどのような声かけをしたらよいか，またどうやって手助けしたらよいか考えていきます。	
活動(1)	誰がどんな場面で困るかを考える。	★みなさんは，街中や交通機関で困っている人を見かけたことがありますか？ △ある／ない。 ★誰がどのような場面で困ると思いますか？　グループで話し合ってプリント①に記入してみましょう。 △〔グループで話し合い，プリント①に記入する〕 ★ではどのような意見が出たか発表してください。 △視覚障害者：きっぷを買うとき，横断歩道を渡るとき，ホームを歩くとき，盲導犬を断られる，歩道の自転車がじゃま／聴覚障害者：非常時のアナウンス，声をかけられたとき，お店の人との会話／車いすの人：段差，狭いところ／ベビーカーの人：荷物が多くて大変，子どもが泣いて大変。 ★では，困った人がいたらあなたはどうしますか？ △声をかけて手伝う／何もしない。 ★困っている人を助けたいと思っても，どうすればよいかわからなかった人もいるでしょう。手助けが必要な人へのポイントをまとめます（ポスターを提示する）。プリント①にも記入しておきましょう。 「援助のポイント」の覚え方『困っている人がいたら〝いなり〟の声かけ』 【い】〔援助の〕意思（いし）の確認　　【な】〔援助〕内容（ないよう）の確認 【り】理解（りかい）した援助内容の再確認 ★次に，どうやって声をかけて手助けしたらよいかを考えてみましょう。	プリント①配布 ポスター提示
活動(2)	教師のモデリングを見て，適切な声かけの方法を考える。	★では今から，困っている様子のBさんをAさんが手助けをしようとしている場面をやってみます。Bさんは白杖を持っています（※視覚障害がある）。気がついた点をプリントにメモしながら，見てください。だれか手伝ってくれる人はいますか？ ★△〔モデリングを行う。△は台本を見ながら行う〕 ★今の場面で気がついたところ（よくなかったところ）はありますか？ △「お手伝いしましょうか」と声をかけたところはよかった／いきなり後ろから話しかけてびっくりさせてしまった／「あっち」と言っていた／さっさと立ち去った。 ★そうですね。ではどんな風に声かけをして手助けをするとよかったか，グループで話し合ってみましょう（意見を板書する）。 △〔グループで話し合い，発表する〕びっくりしないように声をかける／どうしたらよいか相手に聞いてみる／一緒に行こうかと声をかける。 ★困っている人の手助けをするときは，【い】まず手助けが必要かどうか，相手の意思を確認します。次に【な】どんなふうにしたらよいかという援助内容を，相手の方に確認します。相手の気持ちを尊重した対応が大切です。相手が何に困っているかわかるようであれば，具体的に「○○しましょうか」と声をかけるのもよいです。そして，【り】自分が理解した援助内容をもう一度確認しましょう。では，次はいくつかの場面でどのように声をかけるとよいか考えてみましょう。	モデリング用台本
活動(3)	適切な声かけの方法を身につける。	★プリント②の1を見てください。これは先ほどと同じ場面です。このような場面ではどのように声をかけて手助けするとよいか，援助のポイントを参考にして括弧の中に入る言葉を考えて，ペアで話し合ってみましょう。どのような意見が出ましたか？ △〔プリント②の1に記入した後，ペアで意見交流を行う〕 ①お手伝いしましょうか？／どうかしましたか？／②一緒に行ってもいいですか？／③ひじを持たれるんですね。 ★ポイントに沿った言葉になっていますね。では，考えた言葉を使って，ペアで実際にロールプレイをやってみましょう。手助けする人と，困っている人のどちらの役もやってみてください。 △〔ペアでロールプレイを行う。役割を交代する〕 ★では続けて2の場面も考えてみましょう。考えたら，ペアでどのようなことを書いたか話し合ってみましょう。その後，先ほどと同様にロールプレイをしてみましょう。 △〔自分で考えた後，ペアで話し合い，ロールプレイを行う。役割を交代する〕 ★うまくできましたか？　では，もし手助けを申し出たときに，相手から断られたらどんな気持ちがしますか？ △断られて恥ずかしい／断られるなら声をかけなければよかった。 ★そうですね。せっかく声をかけたのに，と思いますよね。ただ，断った相手の方にもさまざまな事情があるかもしれません。断られても気にせず，「大丈夫そうでよかった」と思える心構えが大切ですね。	プリント②配布
振り返り		★今日は，街中や交通機関で手助けが必要な人に，どのように声をかけて手助けをしたらよいかを学習しました。声をかけるときは〝いなり〟のポイントを使いましょう。また，障害によって必要とする手助けは変わります。手助けの方法についてもっと知りたいと思う人は，自治体や各障害者団体のパンフレットなどを見てみましょう。	
まとめ		★今日の授業での学びをどのように活かしていきたいか，プリント①に記入してください。	

「ちょっとした声かけ」①

_____ 年 _____ 組 _____ 番

氏名 _____

1　街中や交通機関で，誰が，どんなふうに困ることがあると思いますか？

誰が	どこで	困ること（どんなことで困るか）

2　援助のポイント『困っている人がいたら "いなり" の声かけ』

「い」_____　　「な」_____

「り」_____

3　先生のモデリングを見て，気がついたことをメモしましょう。

●今日の学びを今後どのように活かしていきたいですか（今の気持ち）。

今日の学習について，あてはまるところに○をつけましょう

4：とてもそう思う　3：思う　2：あまり思わない　1：まったく思わない

- 困っている人のことを想像することができましたか。　[　4　　　3　　　2　　　1　]
- 援助のポイントを身につけることができましたか。　[　4　　　3　　　2　　　1　]
- 今日の学びをこれから活かしていこうと思いますか。[　4　　　3　　　2　　　1　]

「ちょっとした声かけ」②

_____ 年 _____ 組 _____ 番

氏名 _____

●こんな場面での声かけを考えてみよう。【A：手助けする人　　B：困っている人】

(1)〔場面1〕Bさんは白杖を持って，交差点できょろきょろしています。

Aさん：〔Bさんの様子を見て，ゆっくり近づいて声をかけた。〕「(①)。」【い】
Bさん：「郵便局に行きたいのですが，迷ってしまって。」
Aさん：「私も同じ方向なので，よかったら郵便局まで（②）。」【な】
Bさん：「ありがとうございます。助かります。」
Aさん：「どうしたらいいですか？」
Bさん：「あなたのひじを持たせてもらっていいですか？」
Aさん：「(③)【り】。いいですよ。どうぞ。」

①	②
③	

(2)〔場面2〕Bさんは6か月の子ども（ベビーカーに乗っている）と一緒に，祖母に会う
　　ために田舎の駅に着きました。どうやらこの駅は無人駅で，エレベーターもありません。

Bさん：〔階段の前で困っている様子〕
Aさん：「(①)。」【い】
Bさん：「ありがとうございます。エレベーターがなくてどうしようかと思っていました。」
Aさん：「(②)。」【な】
Bさん：「はい，お願いします。」
Aさん：「わかりました。(③)。」【り】〔ベビーカーを持って階段を下りる。〕
Bさん：「助かりました。ありがとうございました。」

①
②
③

●ポスターのイメージ

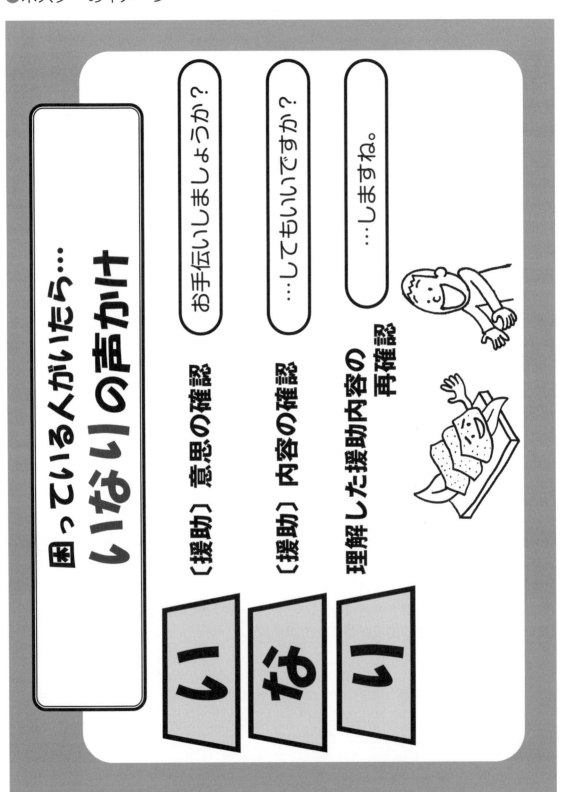

●教師用資料「ちょっとした声かけ」

◆モデリング台本　　A：教師　B：生徒（または教師）

※モデリングを行う生徒はあらかじめ決めておいてもよい。教師２名で行う方法もある。
　生徒は台本を見ながら行ってもよい。

B：（白杖を持ってきょろきょろしている様子）

A：（後ろからいきなり近づいて）「何かお手伝いしましょうか」

B：（突然声をかけられて，びっくりした様子）
　「ありがとうございます。郵便局に行きたいのですが，迷ってしまって。」

A：「郵便局は，あっちですよ。道路を渡ってください」

B：「あっちって，どっちですか？」

A：「ああ，○○ビルの方向ですよ。じゃあ」

◆プリント②記入例

〔場面１〕

①　お手伝いしましょうか？ お困りですか？ どうかしましたか？	②　一緒に行ってもいいですか？ 案内してもいいですか？
③　私のひじを持たれるんですね。	

〔場面２〕

①　お手伝いしましょうか？　お困りですか？　どうかしましたか？
②　ベビーカーを運んでもいいですか？
③　階段の下までベビーカーを運びますね。

※「大丈夫ですか？」と聞くと，遠慮して「大丈夫です」と答えてしまいがちになるので，あまり使わないほうがよい。

◆「学習したポイントやヒント」一覧表

主なテーマ	ユニット名	ポイント/ヒント（スキル）	覚え方
時間管理	A1「時間を大切に」	スケジューリングのポイント ① 【や】やるべきことの確認　② 【こ】使える時間の確認 ③ 【け】（余裕のある）計画　④ 【み】見直し修正	"やっこけ"のスケジュールを"見直し"修正
金銭管理	A2「お金を大切に」	クレジットカードを利用するときのポイント ① 【ひ】必要かどうかよく考える　② 【け】契約内容を確認する ③ 【し】支払い計画を立てる	クレジットカードは"ひけし"
あいさつ	A3「初対面の人へのあいさつ」	あいさつのポイント ① 【お】大きな声ではっきりと　② 【か】体を起こして ③ 【め】（相手の）目を見て　④ 【じ】自分から	"おかめ"のあいさつは、"自分から"
傾聴	B1「上手に聴こう」	正しい聴き方のポイント ① 【あ】あいづちを打つ　② 【か】体を向ける　③ 【め】目を見る ④ 【う】うなずく　⑤ 【さ】最後まで話を聴く	"アカメ"の"ウサちゃん"
他者理解	B4「別の面に気づこう」	物事・人を多面的に見るポイント 「他の一面はないかな?」	
気持ちの伝達	C1「気持ちの伝え方」	こころの信号機のポイント ① 【赤】まず深呼吸　② 【黄】"ひょっとしたら""もしも"の状況分析 ③ 【青】適切な行動	こころの信号機は、"赤・黄・青"
メールやSNS	C2「顔の見えないコミュニケーション」	SNSの書き込みのポイント ① 【こ】困ったときは大人に相談する　② 【わ】悪口や強い言葉を使わない ③ 【れ】悪口が書かれていても冷静に判断する ④ 【て】わかりやすく丁寧に書く	関係が"こわれて"しまわない書き込み
電話のマナー	C3「仕事で使う電話」	電話をするときのポイント ① 【あ】明るい声で話す　② 【め】メモを手元に用意する ③ 【か】簡潔に話す　④ 【じ】[かけるときは] 時間を選ぶ	電話をするときは"アメカジ"で!
質問	C4「わからないことを聞く」	よい質問方法のポイント ① 【ま】[質問の内容を] まとめる　② 【さ】[質問の] 許可を得る ③ 【し】[質問する]　④ 【お】お礼を言う	質問の"まさしお"
依頼と断り	C5「上手な頼み方と断り方」	上手な頼み方と断り方のポイント ① 【は】[内容を] はっきり伝える　② 【り】理由を伝える ③ 【て】[代わりの案を] 提案する　④ 【ね】ねぎらう	"はりてね"

場面	コード	ポイント	ヒント
関係開始	D1「友だちや知人をつくろう」	声をかけるときポイント ①【は】はっきり言う ②【ち】近づく ③【あ】相手を見る ④【さ】【相手の】気持ちにあわせる	"ハチ"の"あさ"
関係維持	D2「意見を述べよう」	ブレーンストーミングのポイント ①【ひ】批判厳禁 ②【か】改善発展 ③【じ】自由に発想 ④【り】【質より】量	"ヒカジリ"
問題解決	D3「トラブルの解決」	トラブル解決のポイント ①【明】目標を明らかにする ②【考多】多くの解決法を考える ③【よそ男】結果を予想する ④【さめ男】最もよい方法を決定し実行する	トラブル解決4兄弟 "明・考多・よそ男・さめ男"
説明	D4「要領よく上手に伝えよう」	伝え方の順番のポイント ①最も伝えたい内容（結論・主張）②理由（結論・主張にいたった理由） ③具体例（理由・主張を裏付ける例）	
ストレス対処	E2「こころの危機に対応しよう」	悩みがありそうな友人への対応のポイント ①友人の異変に気づく（こころの危機の初期サイン）。 ②友人の気持ちになって聴く。③意見やアドバイスはしなくてよい。	
心身の健康	F2「健康な生活を送るために」	健康な生活習慣のポイント ①【さ】喫煙しない ②【て】適正な体重 ③【う】運動をする ④【ち】朝食を食べる ⑤【す】睡眠は7〜8時間 ⑥【い】飲酒は適量 ⑦【か】間食を上手に楽しむ	"来（き）て"て"、"う"ちスイカ
援助要請	G3「困難な状況に対処しよう」	困難な状況への対処法 ①【さ】【情報を】探そう ②【い】【必要な支援を】知ろう ③【す】ストレスに対処しよう ④【せ】絶望せずに前向きにいこう ⑤【そ】相談しよう	困ったときの"さ・し・す・せ・そ"
街中でのボランティア	H2「ちょっとした声かけ」	援助のポイント ①【い】【援助の】意思の確認 ②【な】【援助】内容の確認 ③【り】【理解した援助】内容の再確認	困っている人がいたら"いなり"の声かけ

引用・参考文献

【基礎編】

中央教育審議会 (2011). 今後の学校におけるキャリア教育・職業教育の在り方について (答申)

浜銀総合研究所 (2015). 「高等学校普通科におけるキャリア教育の実践と生徒の変容の相関関係に関する調査研究」報告書 http://souken.shingakunet.com/ career_g/2017/02/2017_cg416_dl01.pdf (2020年12月6日)

花井洋子 (2008). キャリア選択自己効力感尺度の構成 関西大学大学院人間科学：社会学・心理学研究, **69**, 41-60.

小泉令三 (2011). 子どもの人間関係能力を育てる SEL-8S ① 社会性と情動の学習 (SEL-8S) の導入と実践 ミネルヴァ書房

小泉令三 (2015). 一次的援助サービスとしての社会性と情動の学習 (ソーシャル・エモーショナル・ラーニング) 日本学校心理士会年報, **7**, 25-35.

小泉令三 (2018). キャリア発達のための社会性と情動の学習 (SEL-8Career) プログラムの試案構成 福岡教育大学紀要, **67**(4), 185-194.

小泉令三 (2021). キャリア発達社会的能力尺度 (SEL-8Career 尺度) の作成 福岡教育大学紀要, **70**(4), 175-183.

国立教育政策研究所 (2011). キャリア発達に関わる諸能力の育成に関する調査研究報告書 〈https://www.nier.go.jp/shido/centerhp/22career_shiryou/pdf/career_hattatsu_all.pdf〉(2020年7月31日)

厚生労働省 (2013). 厚生労働省編一般職業適性検査手引 [改訂第2版] 進路指導・職業指導用 雇用問題研究会

三川俊樹・石田典子・神田正恵・山口直子 (2017). 高等学校におけるキャリア教育・職業教育の効果に関する研究(3) ―キャリアデザイン力尺度の信頼性・妥当性の検討― 追手門学院大学心理学部紀要, **11**, 37-48.

文部科学省・国立教育政策研究所生徒指導研究センター (2011). キャリア発達にかかわる諸能力の育成に関する調査研究報告書

永作 稔・新井邦二郎 (2001). 高校生用進路決定自己効力感尺度作成の試み 筑波大学発達臨床心理学研究, **13**, 69-75.

労働政策研究・研修機構 (2006). 職業レディネス・テスト [第3版] 手引 雇用問題研究会

坂柳恒夫 (2019). 高校生・大学生のキャリア成熟に関する研究―キャリアレディネス尺度短縮版 (CRS-S) の信頼性と妥当性の検討― 愛知教育大学研究報告, 教育科学編, **68**, 133-146.

坂柳恒夫・竹内登規夫 (1986). 進路成熟態度尺度 (CMAS-4) の信頼性および妥当性の検討 愛知教育大学研究報告 (教育科学編), **35**, 169-182.

【実践編】

A 基本的生活習慣

一般社団法人 クレジット協会 〈https://www.j-credit.or.jp/〉

一般社団法人 全国銀行協会 〈https://www.zenginkyo.or.jp/〉

JCCO 公益財団法人 日本クレジットカウンセリング協会 〈http://www.jcco.or.jp/〉

実教出版編修部 (編) (2018). 高校生からのビジネスマナー 実教出版

文部科学省（2014）．文部科学省における金融経済教育の取組について

文部科学省（2018）．文部科学省における消費者教育の取り組みについて

B　自己・他者への気づき，聞く

相川　充・佐藤正二（編）（2006）．実践！　ソーシャルスキル教育―中学校―　図書文化社

足立啓美・鈴木水季・久世浩司（著），ボニウェル・イローナ（監修）（2014）．子どもの「逆境に負けない心」を育てる本―楽しいワークで身につく「レジリエンス」―　法研

中央教育審議会（2011）．今後の学校におけるキャリア教育・職業教育の在り方について（答申）

茨城県教育研修センター（2012）．教師のためのソーシャルスキルトレーニング　研究報告書第78号

今西一仁（2010）．紙上ゼミナールで学ぶやさしい交流分析　ほんの森出版

桂　戴作（1986）．自分発見テスト―エゴグラム診断法―　講談社

桂　戴作・芦原　睦（著）．村上正人（監修）（1999）．自己成長エゴグラムのすべて―SGEマニュアル―　チーム医療

経済産業省中小企業庁（2018）．「我が国産業における人材力強化に向けた研究会」報告書

小泉令三（編）（2010）．よくわかる生徒指導・キャリア教育　ミネルヴァ書房

厚生労働省（2009）．うつ病の認知療法・認知行動療法（患者さんのための資料）

厚生労働省「こころの耳　働く人のメンタルヘルス・ポータルサイト」〈https://kokoro.mhlw.go.jp/〉

黒上春夫・小島亜華里・泰山　裕（2012）．シンキングツール®―考えることを伝えたい―（短縮版）　NPO法人学習創造フォーラム

シャイン，エドガー・H（著），金井壽宏（訳）（2003）．キャリア・アンカー―自分のほんとうの価値を発見しよう―　白桃書房

嶋田洋徳・坂井秀敏・菅野　純・山崎茂雄（2010）．中学・高校で使える人間関係スキルアップ・ワークシート　学事出版

大阪府府民文化部人権局（2019）．大阪府人権白書ゆまにてなにわ　Ver. 33

山田洋平（2018）．子どもの「社会性」と「感情」をどう育てるか　SEL（社会性と情動の学習）の基礎の基礎　第2，3回　月刊学校教育相談　2018年5，6月号　ほんの森出版

山本啓支（2007）．実務入門　NLPの基本がわかる本　日本能率マネジメントセンター

財団法人　社会経済生産性本部（編）（2009）．在宅ワーク実践テキスト［キャリア・デザイン編］私らしいキャリアの育て方

C　伝える

株式会社　学習調査エデュフロント（2013）．文部科学省「平成24年度　学校運営の改善の在り方に関する取組」調査研究事業　採用10年目までに学んでおきたい「学校マネジメント研修」テキスト

経済産業省（2006）．社会人基礎力に関する研究会―「中間取りまとめ」―

厚生労働省　明るい職場応援団　〈https://www.no-pawahara.mhlw.go.jp/manager/conversation-technique/c1〉

厚生労働省　こころもメンテしよう―ご家族・教職員のみなさんへ―　〈https://www.mhlw.go.jp/kokoro/parent/index.html〉

LINE株式会社（2020）．SNSノート（情報モラル編）〈https://scdn.line-apps.com/stf/linecorp/ja/csr/sns_note_2018_s.pdf〉

文部科学省（2019）．ちょっと待って！　スマホ時代のキミたちへ―スマホやネットばかりになっていない？―　2019年度版（高校生用）

内閣府（2019）．平成30年度青少年のインターネット利用環境実態調査

NPO 法人　アサーティブジャパン　〈https://www.assertive.org/intro/〉

埼玉県立総合教育センター（2006）．ソーシャル・スキル・トレーニング（SST）に関する指導プログラムの開発

嶋田洋徳・坂井秀俊・菅野　純・山崎茂雄（2010）．中学・高校で使える人間関係スキルアップ・ワークシート　学事出版

特定非営利活動法人　しごとのみらい　〈https://shigotonomirai.com/〉

柳下記子（2013）．発達障害がある人のためのみるみる会話力がつくシート　講談社

D　関係づくり

一般社団法人　日本経済団体連合会（2018）．高等教育に関するアンケート

神奈川県青少年指導者養成協議会（2012）．楽しく進めるグループワーク—個と集団の気づきをうながす—

つくば言語技術教育研究所（編）（2002）．イラスト版ロジカル・コミュニケーション　子どもとマスターする50の考える技術・話す技術　合同出版

E　ストレスマネジメント

グレッソン，スーザン・R（著），上田勢子（訳），汐見稔幸・中千穂子（監修）（2004）．10代のメンタルヘルス⑧　ストレスのコントロール　大月書店

北海道教育委員会　自殺予防プログラム　〈http://www.dokyoi.pref.hokkaido.lg.jp/hk/ssa/jisatuyoboukyouiku.htm〉

一般社団法人　日本臨床心理士会　〈https://www.ajcp.info/heart311/text/stressmanagement6.pdf〉

北九州市　いのちとこころの情報サイト　〈http://www.ktq-kokoro.jp〉

木田清公・香田順子・古角好美・前田啓実・村上久美子・山田冨美雄・山内久美・廣川空美・堤　俊彦・百々尚美（著），ストレスマネジメント教育実践研究会（PGS）（編），大野太郎（編集代表）（2003）．ストレスマネジメント　フォ　キッズ　東山書房

窪田由紀・シャルマ直美・長﨑朋子・田口寛子（著），窪田由紀（編）（2006）．学校における自殺予防教育のすすめ方　だれにでもこころが苦しいときがあるから　遠見書房

厚生労働省　こころの耳　働く人のメンタルヘルス・サポートサイト　〈https://kokoro.mhlw.go.jp/〉

厚生労働省　知ることからはじめよう　みんなのメンタルヘルス　〈https://www.mhlw.go.jp/kokoro/〉

松丸未来・鷺渕るわ・堤　亜美（著），下山晴彦（監修）（2013）．子どものこころが育つ心理教育授業のつくり方　岩崎学術出版社

文部科学省（2009）．教師が知っておきたい子どもの自殺予防

文部科学省（2014）．学校における子供の心のケア—サインを見逃さないために—

文部科学省・厚生労働省（2018）．児童生徒の自殺予防に向けた困難な事態，強い心理的負担を受けた場合等における対処の仕方を身につける等のための教育の推進について（通知）

文部科学省　CLARINET へようこそ　〈https://www.mext.go.jp/a_menu/shotou/clarinet/main7_a2.htm〉

大阪府心の健康総合センター　気軽にリラックス　〈http://www.pref.osaka.lg.jp/attach/13282/00000000/relax.pdf〉

ストレスマネジメント教育実践研究会（PGS）（編），大野太郎・高元伊智郎・山田冨美雄（編集代表）（2002）．ストレスマネジメント・テキスト　東山書房

坪井康次（2010）．ストレスコーピング—自分でできるストレスマネジメント—　心身健康科学 **6**（2），59-64.

F 問題防止

一般社団法人 日本民営鉄道協会 〈https://www.mintetsu.or.jp/〉

厚生労働省（2013）．健康づくりのための身体活動指針2013

厚生労働省（2014）．健康づくりのための睡眠指針2014

厚生労働省 e-ヘルスネット 〈https://www.e-healthnet.mhlw.go.jp/〉

厚生労働省（2019）．平成30年人口動態統計月報年計（概数）の概況 〈https://www.mhlw.go.jp/toukei/saikin/hw/jinkou/geppo/nengai18/index.html〉

健康寿命をのばそう！ Smart Life Project 〈https://www.smartlife.mhlw.go.jp/disease/〉

厚生労働省の TABACCO or HEALTH 最新たばこ情報 〈http://www.health-net.or.jp/tobacco/front.html〉

文部科学省（2009）．子どもの徳育の充実に向けた在り方について（報告）

文部科学省（2016）．道徳教育について

文部科学省（2018）．健康な生活を送るために（平成30年度版）【高校生用】

文部科学省（2018）．高等学校学習指導要領（平成30年告示）解説 総則編

和唐正勝・髙橋健夫他（2017）．現代高等保健体育〔改訂版〕 大修館書店

G 環境変化への対応

中央教育審議会（2011）．今後の学校におけるキャリア教育・職業教育の在り方について（答申）

イラスト AC 〈https://www.ac-illust.com/〉

小泉令三（編著）（2010）．よくわかる生徒指導・キャリア教育 ミネルヴァ書房

国立教育政策研究所生徒指導研究センター（2002）．児童生徒の職業観・勤労観を育む教育の推進について

国立教育政策研究所生徒指導・進路指導研究センター（2016）．再分析から見えるキャリア教育の可能性―将来のリスクや学習意欲，インターンシップ等を例として―

厚生労働省（2016）．高校におけるキャリア教育テキスト

厚生労働省（2017）．平成29年厚生労働白書

厚生労働省（2018）．平成30年賃金構造基本統計調査

厚生労働省（2019）．平成30年雇用動向調査結果の概況

厚生労働省 労働条件に関する総合サイト 確かめよう労働条件 〈https://www.check-roudou.mhlw.go.jp/〉

文部科学省（2017）．高校生のライフプランニング

村上 龍（2010）．新13歳のハローワーク 幻冬舎

内閣府（2019）．国民生活に関する世論調査

埼玉県中学校進路指導研究会（2012）．学級活動を核とした中学校キャリア教育

総務省（2018）．平成29年家計調査年報（家計収支編）

就職ジャーナル 〈https://journal.rikunabi.com/〉

13歳のハローワーク公式サイト 〈https://www.13hw.com/home/index.html〉

H ボランティア

独立行政法人 国立青少年教育振興機構（2010）．子どもの体験活動の実態に関する研究調査

国土交通省（2018）．障害ってどこにあるの？ こころと社会のバリアフリーハンドブック

公益財団法人 交通エコロジー・モビリティ財団（2016）．オリンピック・パラリンピック開催に向けた移動と交通に関する基礎調査

引用・参考文献

厚生労働省（2007）．第5回これからの地域福祉のあり方に関する研究会　資料5　ボランティアについて

文部科学省（2002）．やってみよう！　誰かのためにしたいこと・できること

名古屋市健康保健局（2015）．こんなときどうする？　障害のある人を理解し，配慮のある接し方をするためのガイドブック

社会福祉法人 大阪府社会福祉協議会　大阪府ボランティア・市民活動センター（2015）．ボランティア体験事例集

社会福祉法人 全国社会福祉協議会　〈https://www.shakyo.or.jp/〉

社会福祉法人 全国社会福祉協議会　全国ボランティア・市民活動振興センター　はじめてのボランティア

あとがき

　ここで，本書の作成過程を説明しておきます。基礎編の1と2は小泉，3は山田が担当しました。そして実践編は，伊藤が素案を作成して小泉とともに練り上げつつ試行を重ね，山田はおもにイラストと掲示用のポスター作成を担当しました。そして，最終段階では3人で全ユニットの確認を行い，ユニット内での学習の一貫性や，またユニット間の齟齬がないかといった点を中心に修正を繰り返しました。この作業が，これまでの小中学生用・幼児用・教師用SELと同様に時間と労力を要するものでした。

　本学習プログラム作成の期間は，おりしもCOVID-19の影響をまともに受けた時期と重なり，学校の子どもたちはこれまで実施されたことのない長期の一斉休校を経験しました。こうした状況のために，改めて人と人が対面で交流することの意義と重要性を実感する機会にもなったと思います。そして，これ以降学校ではオンライン授業が進み，社会全体でリモートワークやオンライン会議あるいはインターネット配信など，インターネットを介しての交流が一気に普及しました。こうした時代に求められるのは，情報と時間と金銭そして生きるためのエネルギーともいえる情動を適切にコントロールできる自己管理能力と，人が相互に関わるための対人関係能力，すなわちこれらを合わせた"社会性と情動のコンピテンス"ではないでしょうか。

　今後，本書を用いて，高等学校や高等専門学校あるいは専門学校に在籍する生徒一人一人の"社会性と情動のコンピテンス"を育てて社会的自立に貢献できるように，実践が積み重ねられることを強く期待しています。また，そのための支援を継続していきたいと考えています。

小泉令三

　教師になって15年目からは，教育相談担当者としてさまざまな生徒と関わりました。そのときにいつも思うことは，「こうなる前にもっと何かできなかったのか」ということでした。問題が解決しないケースのほうが多く，何人もの生徒が転退学していく状況に自信を無くしていました。そんなときに，福岡県教育センターの専門研修で小中学生用のSEL-8Sを知りました。「このプログラムを実践すれば学校が変わるに違いない」と確信し，福岡県長期派遣研修員として学ぶ機会をいただきました。

　教職大学院では，高校生用の「SEL-8Career」の枠組みをもとに，学習指導案，教材プリント，教師用の資料を作成しました。そして実際に在籍校で授業を行ってもら

い，先生方に多くの意見をいただきながら学習指導案の改良を進めました。2年間の実践を行った学年の先生からは，「生徒の話を聞く態度がよくなった」「生徒と落ち着いて話ができるようになった」「生徒との関係がよくなった」といった声が聞かれました。実際に転退学をする生徒が大幅に減少しました。SEL-8Career の実践によって生徒が変わりましたが，教師も変わったと思います。生徒の社会適応を目指して，チームで生徒を支援する風土が出来つつあると感じています。

　今後は，SEL-8S を実践している地域の小・中学校と連携して，小学校入学から高校卒業まで一貫した SEL-8 プログラムを行い，地域の子どもたちの社会的能力を伸ばしていく取り組みを行っていきたいと思います。そして，SEL を通して子どもたちがよりよく生きるための手助けをしていきたいと思います。

伊藤衣里子

　今回，高校生を対象とした SEL-8C 学習プログラムが完成したことによって，SEL-8シリーズは，就学前の幼児から高校生までの社会的能力の育成を体系的に示すことができました。思い返すと，シリーズ最初の小中学生を対象にした SEL-8S 学習プログラムが出版されたのは，約10年前の2011年のことでした。SEL-8S 学習プログラムを開発したことで，小中連携による実践が可能となり，中学校区単位で取り組む学校や自治体が登場しました。その後，幼小連携や就学前教育の重要性の観点から，幼児を対象とした SEL-8N 学習プログラムを開発しました。これらのプログラムは，教育現場の先生方の声やニーズに応じて，開発されてきました。

　今回の書籍のねらいは，高校生のキャリア発達がテーマになっており，高校でのキャリア教育における実践を想定しています。ただし，キャリア教育は高校段階だけで取り組むものではありません。中央教育審議会（2011）が示すキャリア教育の方向性として，「幼児期の教育から高等教育まで体系的にキャリア教育を進めること」が挙げられています。この長期にわたる教育活動を体系的に進めることは，簡単なことではありません。しかし，幼児から高校生までの社会的能力を育成する SEL-8シリーズは，子どものキャリア発達を促す体系的な教育活動の一つとして，教育現場に位置付けることができると考えています。これからも SEL-8シリーズを通じて，教育現場に貢献できる活動を進めていきたいと思います。

山田洋平

2021年3月　　　　　　　　　　　　　　　校正作業を終えつつ

200

《著者紹介》

小泉令三（こいずみ　れいぞう）

1955年生まれ。
公立小中学校教諭を経た後，兵庫教育大学大学院学校教育研究科修士課程および
広島大学大学院教育学研究科博士課程前期修了。
現　在　福岡教育大学教職大学院教授。博士（心理学）。
主　著　『社会性と感情の教育——教育者のためのガイドライン39』（編訳，北大
　　　　路書房，1999年）
　　　　『よくわかる生徒指導・キャリア教育』（編著，ミネルヴァ書房，2010年）
　　　　『紙芝居作成ブック　こどものきもちを育む♪　CD-ROM 付き　PriPri
　　　　ブックス』（共著，世界文化社，2018年）
　　　　など。

伊藤衣里子（いとう　えりこ）

1975年生まれ。
福岡県長期派遣研修員として福岡教育大学大学院教育学研究科教職実践専攻生徒
指導・教育相談リーダーコース修了。
現　在　福岡県立高等学校教諭

山田洋平（やまだ　ようへい）

1982年生まれ。
広島大学大学院教育学研究科博士課程後期修了。博士（心理学）。
現　在　島根県立大学人間文化学部准教授。
主　著　『よくわかる生徒指導・キャリア教育』（共著，ミネルヴァ書房，2010年）
　　　　『対人関係と感情コントロールのスキルを育てる　中学生のための SEL コ
　　　　ミュニケーションワーク』（単著，明治図書出版，2020年）

高校生のための社会性と情動の学習（SEL-8C）
——キャリア発達のための学習プログラム——

2021年6月20日　初版第1刷発行　　　　　　　　〈検印省略〉

定価はカバーに
表示しています

著　　者　　小　泉　令　三
　　　　　　伊　藤　衣里子
　　　　　　山　田　洋　平
発 行 者　　杉　田　啓　三
印 刷 者　　田　中　雅　博

発行所　株式会社　ミネルヴァ書房
607-8494　京都市山科区日ノ岡堤谷町1
電話代表　(075)581-5191
振替口座　01020-0-8076

創栄図書印刷・藤沢製本

ISBN978-4-623-09183-6

Printed in Japan